Empresas familiares: reto al destino

Coordinación editorial:
DÉBORA FEELY

Diseño de tapa:
DCM DESIGN

JON MARTÍNEZ ECHEZÁRRAGA

Empresas familiares: reto al destino

Claves para perdurar con éxito

GRANICA

BUENOS AIRES - MÉXICO - SANTIAGO - MONTEVIDEO

© 2010 *by* Ediciones Granica S.A.

BUENOS AIRES	Ediciones Granica S.A. Lavalle 1634 - 3° G C1048AAN Buenos Aires, Argentina Tel.: +5411-4374-1456 Fax: +5411-4373-0669 E-mail: granica.ar@granicaeditor.com
MÉXICO	Ediciones Granica México S.A. de C.V. Cerrada 1° de Mayo 21 Col. Naucalpan Centro 53000 Naucalpan, México Tel.: +5255-5360-1010 Fax: +5255-5360-1100 E-mail: granica.mx@granicaeditor.com
SANTIAGO	Ediciones Granica de Chile S.A. Padre Alonso Ovalle 748 Santiago, Chile E-mail: granica.cl@granicaeditor.com
MONTEVIDEO	Ediciones Granica S.A. Scoseria 2639 Bis 11300 Montevideo, Uruguay Tel: +5982-712-4857 / +5982-712-4858 E-mail: granica.uy@granicaeditor.com

www.granica.com

ISBN 978-950-641-585-3

Hecho el depósito que marca la ley 11.723

Impreso en Argentina. *Printed in Argentina*

Martínez Echezárraga , Jon
    Empresas familiares, reto al destino : claves para perdurar con éxito . - 1a ed. - Buenos Aires : Granica, 2010.
    184 p. ; 22x15 cm.

    ISBN 978-950-641-585-3

    1. Administración de Empresas. 2. Empresas Familiares. I. Título
    CDD 658.041

A mi esposa, Maite,
y a mis hijos, María José, Aranzazu, Maite y Juan Ignacio.
Ellos son mi querida familia y mi gran "empresa".

ÍNDICE

PRÓLOGO

Hace algunos años, sufrí un grave accidente automovilístico. En los meses de recuperación posterior, pensé que era importante hacer algo útil para mantenerme ocupado y vital. Quise, entonces, dejar testimonio de las observaciones e investigaciones que estaba desarrollando con empresas familiares. Sin embargo, una vez recuperado y –gracias a Dios– sin secuelas, las múltiples actividades del día a día me impidieron avanzar, y poco a poco fui abandonando el proyecto, el cual quedó inconcluso.

Posteriormente, al terminar la publicación de algunos fascículos sobre el manejo de empresas familiares en un diario de negocios, decidí comenzar a escribir este libro que hoy –por fin– veo hecho realidad. Entretanto, resolví acortar muchos capítulos y convertir el original no en un tratado sobre empresas familiares, sino en un manual más breve y simple de leer. Privilegié la variedad de temas que son clave en el manejo de este tipo de empresas, sobre un excesivo detalle en su tratamiento. Pensé que el lector preferiría un libro más completo, con los fundamentos y temas esenciales que afectan a la empresa familiar, a uno muy enfocado en algunos de ellos. Espero no haberme equivocado.

Más allá de las razones expuestas, también sentí la necesidad de enviar un mensaje de esperanza a miles de empresarios familiares en diversos países de Latinoamérica. En un mundo que tiende a despreciar un poco a las compañías familiares y a verlas como empresas cuyo destino es desaparecer por la mala conducción de sus líderes o los conflictos entre los miembros de la familia propietaria, decidí extraer lecciones de mi experiencia de trabajo con decenas que han desafiado ese destino y que, en la mayoría de los casos, han triunfado.

Mi mensaje en dos palabras es que se pueden compatibilizar la continuidad de la empresa en manos de la familia y el éxito en los negocios. Pero no es una tarea fácil ni de corto aliento. Por lo contrario, es una lucha intensa y perseverante, a desarrollar de manera constante a través de las generaciones. Solo aquellas familias empresarias con una visión clara y alineada del futuro, valores profundos, y un gran tesón y disciplina, son capaces de cruzar el umbral del éxito prolongado en el tiempo. Este libro está dedicado a explicar cómo se puede retar al destino y construir ese éxito.

No puedo dejar de agradecer a las personas e instituciones que me han ayudado de muy distintas formas a elaborar este trabajo. En primer lugar, a mis amigos John Davis –profesor de la Harvard Business School y fundador de Cambridge Advisors to Family Enterprise– e Ivan Lansberg y Kelin Gersick –socios fundadores de Lansberg, Gersick & Associates–, de quienes he tomado muchas ideas y conceptos. También agradezco a John Ward –profesor de Kellogg School of Management, Northwestern University–, cuyas ideas se ven reflejadas en varias de las presentes páginas. No puedo dejar de mencionar a François de Visscher, cuyos conceptos financieros han inspirado dos capítulos. El apoyo de mi amigo Joan Amat, de Barcelona, con quien he intercambiado muchas ideas, y de Ingrid Schirmer del ESE, quien colaboró en uno de los capítulos, se agradecen igualmente.

También deseo expresar mi gratitud al ESE, Universidad de los Andes, la Escuela de Negocios en que he trabajado durante los últimos ocho años y donde he encontrado un ambiente humano y profesional ideal para ejercer las más desafiantes tareas. Gracias al ESE, por confiar en mí, y por darme la oportunidad y el honor de ser el profesor titular de la cátedra de Empresas de Familia Jorge Yarur Banna. Vaya mi más sincero reconocimiento para el director general del ESE, Alberto López Hermida, y para Luis Enrique Yarur, presidente del BCI –institución que auspicia dicha cátedra–, quienes me han brindado su constante apoyo en todas las actividades que hemos organizado.

Por último, mis agradecimientos para los hermanos Sven y Wolf von Appen, quienes auspiciaron la cátedra de Empresas Familiares Albert von Appen, que tuve el honor de conducir durante los primeros diez años, mientras fui profesor de la Escuela de Negocios de Valparaíso, Universidad Adolfo Ibáñez. Mi gratitud también para Carlos Cáceres y Víctor Kullmer, ex decanos de la escuela en esa época, quienes confiaron en mí tan importante tarea.

Santiago de Chile
15 de julio de 2010

PARTE I

INTRODUCCIÓN A LA EMPRESA FAMILIAR

CAPÍTULO 1

EL MUNDO DE
LAS EMPRESAS FAMILIARES

La empresa familiar es la forma predominante de organización empresarial. No obstante, se trata de un mundo relativamente desconocido. Si bien han existido desde siempre, solo en los últimos años se les ha prestado atención en el ambiente académico. Las empresas familiares constituyen la esencia de la economía de mercado. Donde hay lugar para la iniciativa y la propiedad privada, hay empresas familiares. No se necesitan políticas públicas para estimular su formación: la naturaleza humana las hace surgir espontáneamente.

¿Qué son las empresas familiares?

Si bien hay muchas definiciones posibles, casi todas ellas incluyen tres características básicas. La primera es que **su propiedad es controlada por una familia**. Por razones de privacidad en el manejo de la empresa, o por desinterés en la apertura a otros socios o al mercado accionario[1], en la inmensa mayoría de las empresas familiares –que, por lo

---

1. Por otra parte, muchas empresas familiares no poseen el tamaño necesario para abrirse a la Bolsa.

general, son pymes– la familia fundadora posee entre el 80 y el 100% de la propiedad.

La segunda característica es que los negocios son dirigidos por **algunos miembros de la familia**, casi siempre los dueños o sus hijos. Sin embargo, a medida que crecen, esto suele dejar de ser así, pues dichos miembros pasan al Directorio, donde ocupan un rol de supervisión y gobierno estratégico de la empresa, y dejan la gerencia en manos de profesionales no familiares.

La tercera característica, que no se encuentra mencionada con frecuencia en la bibliografía sobre el tema, es el **deseo de perpetuar en el tiempo la obra del fundador**.

Cuanto más presentes estén estas tres características, más auténticamente familiares serán las empresas de las que hablemos.

Importancia de las empresas familiares

La mayoría de las empresas del mundo son de propiedad familiar. Las estadísticas confirman, por ejemplo, que lo son más del 90% en los Estados Unidos, el 88% en Suiza y, en Italia, el 98%. Es preciso advertir, sin embargo, que muchos estudios no distinguen el concepto de empresa familiar del de empresa personal, es decir, de un solo dueño, muchas de las cuales se convierten más tarde en familiares. Algunos expertos estiman en un tercio la influencia de las empresas personales dentro de las cifras mencionadas. Por otra parte, si se consideran solamente las empresas medianas y grandes, los estudios en el Reino Unido señalan que el 76% son familiares, en España el 71%, en Portugal el 70% y en Chile el 65%.

Estas cifras indican que, a medida que las empresas crecen, van dejando de ser familiares, debido, entre otras cosas, al incremento de las necesidades de capital y de la dificultad para administrar organizaciones más grandes y complejas. Al revés, cuanto más pequeñas las empresas, es mayor la probabilidad de que sean familiares.

No obstante lo anterior, hay una buena cantidad de grandes compañías en el mundo que también son familiares. De hecho, en los Estados Unidos se calcula que lo son aproximadamente un tercio del ranking *Fortune 500*. En Europa, esa proporción es cercana a la mitad; y en Asia y Latinoamérica, a dos tercios. La Tabla 1.1 muestra las 10 mayores empresas controladas por familias en el mundo.

Tabla 1.1
Las 10 mayores empresas controladas por familias en el mundo

Empresa	Familia (1)	Ventas (2)	Empleados (3)	Año (4)	Sector	País
Walmart Stores*	Walton	379	2,100	1962	Retail	EE.UU.
Toyota Motor Corp*	Toyoda	262	316	1937	Automó-viles	Japón
Ford Motor Co.*	Ford	172	246	1903	Automó-viles	EE.UU.
Koch Industries	Koch	110	80	1918	Petróleo y gas	EE.UU.
Samsung Group	Lee	105	263	1938	Conglo-merado	Corea del Sur
Arcelor-Mittal*	Mittal	105	320	2006 (5)	Acero	India, Lu-xemburgo
Banco Santander*	Botín	89	130	1857	Banca	España
PSA Peugeot Citroën*	Peugeot	89	212	1976 (5)	Automó-viles	Francia
Cargill Inc.	Cargill / Mac Millan	88	158	1865	Commo-dites	EE.UU.
SK Group	Chey	88	30	1953	Conglo-merado	Corea del Sur

* Cotizan en Bolsa; (1) Familia controladora; (2) Ventas en billones de dólares en 2007 y 2008; (3) Número de empleados en miles; (4) Año de fundación de la empresa; (5) Año en que se concretó la fusión de las dos empresas.
Fuente: Pearl, Jayne A. & Kristie, Leah: "The World's Largest Family Businesses". En *Family Business Magazine*, 2008.

Las empresas familiares constituyen la columna vertebral de la mayoría de las economías del mundo en las que, según los datos de que se dispone, representan entre un 45 y un 70% del Producto Interno Bruto (PIB) y aportan un porcentaje similar o incluso mayor de puestos de empleo. En otras palabras, su importancia es enorme: conforman la mayoría de las empresas, son la fuente de trabajo más grande, y el motor de la economía de casi todos los países.

Esperanza de vida de las empresas familiares

Uno de los problemas de las empresas familiares es su baja "esperanza de vida". El famoso estudio realizado por John Ward en los Estados Unidos arrojó que solamente el 13% de las empresas familiares se mantenía en manos de la tercera generación de la misma familia[2]. Estudios similares indican que en el Reino Unido ese porcentaje llega al 14%, y en Canadá a alrededor del 10%.

Aunque no se dispone de estudios de ese nivel, hay estimaciones similares para Latinoamérica. Datos recogidos en la región indican que en la Argentina el 70% de las empresas familiares desaparecen en cada generación. En Brasil, solo el 30% de ellas suele pasar a la segunda generación, el 5% a la tercera y casi no hay empresas de quinta generación; en Chile, la media de antigüedad de las empresas familiares medianas y grandes es de 31 años, y solo el 16% superan los 50 años de vida[3].

---

2. Ward, John L.: *Cómo desarrollar la empresa familiar*. El Ateneo, Buenos Aires, 1994.
3. Estudios y estimaciones hechos por Carlos Kaplun en la Argentina, João Bosco Lodi en Brasil y el autor de este libro en Chile.

Los tres círculos de la empresa familiar

La forma más difundida de describir el mundo de la empresa familiar es mediante el diagrama de los tres círculos ideado por Renato Tagiuri y John Davis, de la Harvard Business School[4]. Estos tres círculos o subsistemas son: la empresa, la familia y la propiedad. Representan los tres grupos de interés que participan en la empresa familiar: ejecutivos y empleados, miembros de la familia, y socios o accionistas, respectivamente.

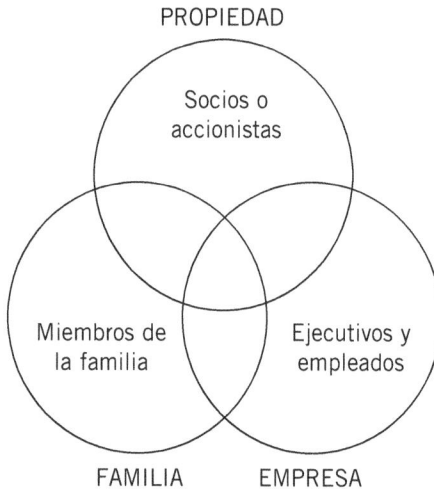

PROPIEDAD

Socios o
accionistas

Miembros de
la familia

Ejecutivos y
empleados

FAMILIA   EMPRESA

Fuente: Tagiuri, Renato, y Davis, John: "On the goals of successful family companies". En: *Family Business Review*, V (1), 1992.

Figura 1.1. Los tres círculos de la empresa familiar

Este sencillo esquema nos permite entender con más facilidad y capacidad de análisis la problemática y dinámica de la empresa familiar. La mayoría de las ventajas y desventajas que veremos más adelante se derivan de la interacción de estos tres subsistemas.

---

4. Fuente: Tagiuri, Renato, y Davis, John: "On the goals of successful family companies". En: *Family Business Review*, V (1), 1992.

Una empresa que no es familiar solo posee dos de estos círculos –propiedad y empresa–, entre los que se produce una sola intersección. En cambio, en las empresas familiares, al agregar el círculo de la familia, las intersecciones pasan a ser cuatro, lo que las convierte en organizaciones más complejas. Estos traslapos son zonas de ventajas y oportunidades, pues los integrantes suelen incorporar una combinación muy especial de energía, motivación, tradición, valores y cultura que es difícil de conseguir en una empresa no familiar. Pero también suelen ser zonas de conflictos y debilidades con su dosis de elementos emocionales capaces de afectar la armonía entre los subsistemas.

Por eso, es muy importante que los tres círculos de la empresa familiar mantengan un adecuado equilibrio, es decir, un nivel de interfase razonable.

Es fundamental vigilar que la familia, los ejecutivos, los propietarios, en fin, los tres grupos de interés en la empresa familiar, tengan muy claros los límites de cada uno de los tres círculos. Evidentemente, hablamos de límites imaginarios que nadie ve en la empresa familiar, pero que todo el mundo debería tener claro dónde se encuentran. Es importante aprender a *dibujarlos* bien e intentar mantener el equilibrio. Poder identificar los límites de los tres círculos ayuda a separar bien los roles que cada uno debe tener en la organización y a relacionarse correctamente con los demás.

Fortalezas de las empresas familiares

Diversos estudios han descubierto que las empresas familiares poseen una serie de fortalezas y ventajas respecto de las empresas no familiares. La Tabla 1.2 presenta una lista no exhaustiva de estas fortalezas. La mayor parte de ellas se explica por sí misma, con excepción de la relación con los menores costos de agencia. En teoría económica, los *costos de agencia* son aquellos asociados a dirigir operaciones por medio de personas que no son los dueños y, en el caso de empresas familiares, por miembros ajenos a la familia. Como las empresas familiares suelen tener uno o más miembros de la familia en puestos clave de gestión, se cree que estos ejecutivos tienen la ventaja de pensar como dueños y propietarios de la compañía, en lugar de como empleados, lo que asegura que las decisiones siempre busquen beneficiar a la propiedad.

Tabla 1.2
Fortalezas de las empresas familiares

- Una visión a más largo plazo
- Mayor unidad de objetivos entre los accionistas
- Mayor velocidad de decisión
- Una cultura empresarial más fuerte
- Mayor dedicación a la empresa, voluntad de sacrificio personal y menor rotación de sus principales ejecutivos
- Mayor continuidad de la empresa y, por tanto, permanencia en el tiempo de sus estrategias y políticas
- Menores *costos de agencia*
- Mayor preocupación por la calidad e imagen ante los consumidores
- Mayor responsabilidad social

Otra fortaleza que requiere explicación es la relacionada con la mayor preocupación de la empresa por la calidad y la imagen ante los consumidores. Esta ventaja no solo beneficia a la propia empresa, sino también a los consumidores, a la comunidad y al país en general. Muchas de las empresas familiares llevan, en su razón social y/o en sus propias marcas, el apellido de la familia. Esto las hace mucho más conscientes de la necesidad de entregar la máxima calidad, porque está en juego su prestigio. Buenos ejemplos de ello son la automotriz Ford, y los hoteles Marriott, la cadena más importante del mundo, de propiedad de la familia del mismo nombre. Ejemplos en Latinoamérica son Falabella, fundada en Chile por Salvatore Falabella en 1889, y Gerdau, fundada en Porto Alegre, Brasil, en 1901 por João Gerdau.

Debilidades de las empresas familiares

Obviamente, las empresas familiares suelen presentar también muchas desventajas o puntos débiles. De hecho, son más conocidas las empresas familiares por situaciones conflictivas entre los integrantes –quiebra, desaparición, etc.– que por sus éxitos y logros. La Tabla 1.3 muestra una lista de las principales desventajas y debilidades que se suelen encontrar en las empresas familiares.

Tabla 1.3
Debilidades de las empresas familiares

- Superposición de roles empresariales y familiares
- Falta de planificación
- *Nepotismo*
- Exceso de desconfianza, control y secreto
- Resistencia al cambio y a la profesionalización
- Falta de una mentalidad orientada a resultados
- Liderazgo demasiado largo
- Coadmisión muy frecuente
- Dificultad para atraer a gente talentosa
- Estancamiento estratégico
- Tasa de reinversión inadecuada

Vale la pena referirse al concepto de *nepotismo* –la preferencia por un pariente–, pues en las empresas familiares se suelen conceder privilegios indebidos a los miembros de la familia por el solo hecho de pertenecer a ella, en lugar de por su competencia o por sus méritos profesionales. Esta es una de las debilidades más importantes a erradicar. Desgraciadamente, en Latinoamérica encontramos muchos ejemplos de tales abusos.

También es importante comentar acerca de la coadministración o administración conjunta. Es muy típica en las compañías manejadas por hermanos o por primos, y puede llegar a ser un problema muy grande si la generación que sigue es muy numerosa y es difícil escoger a un líder. El mayor problema del coliderazgo no es solo la existencia de más de una cabeza visible, sino la probabilidad de que los dos o más líderes no sean realmente compatibles en sus filosofías de negocios y estilos de dirección. Hay algunos casos exitosos pero, en general, la coadministración presenta más problemas que beneficios.

También es interesante destacar que estudios realizados recientemente en los Estados Unidos, Alemania, Chile, España, Francia y Japón han demostrado que las empresas controladas por familias pueden ser tanto o más rentables y exitosas que las empresas no familiares en muchos sectores de la economía de un país[5]. La Figura 1.2 muestra un resumen de los resultados de varios de estos estudios.

---

5. Una síntesis de estos estudios se presenta en Martínez Echezárraga, Jon: "El mito de las empresas familiares ineficientes", publicado en *Revista de Egresados del ESE*, 2005. Para conocer los estudios realizados en Chile, se sugiere consultar Martínez, Jon; Stöhr, Bernhard, y Quiroga, Bernardo: "Family ownership and firm performance: Evidence from public companies in Chile". En *Family Business Review*, XX (2), 2007, y Bonilla, Claudio; Sepúlveda, Jean, y Carvajal, Mariela: "Family ownership and firm performance in Chile: A note on Martinez et al's evidence". En *Family Business Review*, XX III (2), 2010.

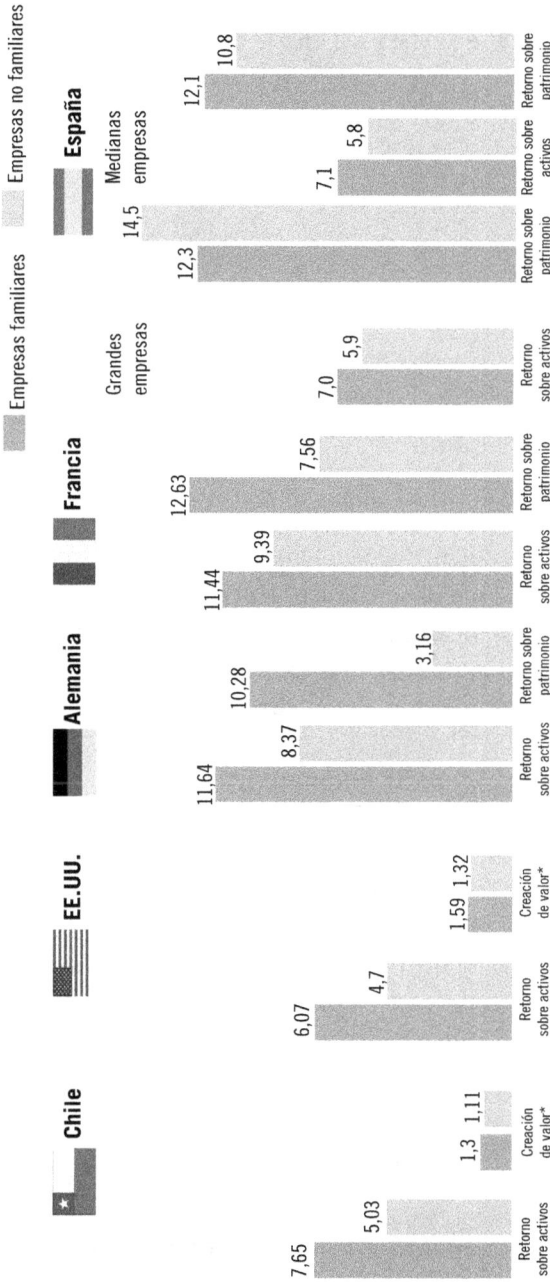

Figura 1.2. Éxito de empresas controladas por familias (en %).

Fuente: Martínez Echezárraga, Jon: "El mito de las empresas familiares eficientes". En *Revista de Egresados del ESE*, 2005, pp. 30-33.

* Tobin's Q, veces

CAPÍTULO 2

ETAPAS DEL CICLO DE VIDA DE LA EMPRESA FAMILIAR

En este capítulo analizaremos el modelo evolutivo de la empresa familiar y sus etapas de desarrollo, de los autores Gersick, Davis, McCollom Hampton y Lansberg[6], y lo combinaremos con el modelo de los tres círculos: propiedad, familia y empresa, analizado en el capítulo anterior

Etapas en el desarrollo de la propiedad

Respecto del punto de vista de la propiedad, las empresas familiares avanzan desde tener un solo dueño hasta ser propiedad de varios accionistas. Durante su desarrollo existen tres etapas o tipos básicos: dueño controlador, sociedad de hermanos y consorcio de primos, como se muestra en la Figura 2.1.

En la etapa del dueño controlador –normalmente la de la fundación– una persona (o una pareja), visionaria y emprendedora, ha creado el negocio de la nada, le ha dado

---

6. Gersick, Kelin; Davis, John; McCollom Hampton, Marion, y Lansberg, Ivan: *Empresas familiares: generación a generación.* McGraw-Hill Interamericana, México, 1997.

forma, ha tenido éxito y desea transmitir en el futuro la obra a sus hijos.

Pero no siempre los dueños son los fundadores: a veces es un heredero, hijo o descendiente. Esto ocurre porque algunas empresas familiares deciden repetir el modelo de un solo propietario a través de las generaciones.

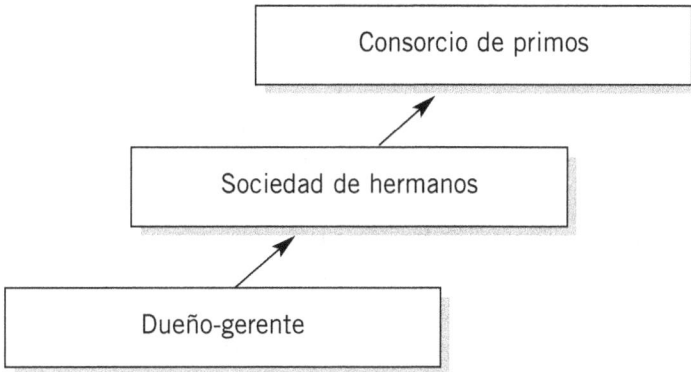

```
                    ┌─────────────────────────────┐
                    │     Consorcio de primos      │
                    └─────────────────────────────┘
                               ↗
          ┌─────────────────────────────┐
          │    Sociedad de hermanos      │
          └─────────────────────────────┘
                     ↗
┌─────────────────────────────┐
│        Dueño-gerente         │
└─────────────────────────────┘
```

Fuente: adaptado de Gersick, Kelin; Davis, John; McCollom Hampton, Marion, y Lansberg, Ivan: *Empresas familiares: generación a generación.* McGraw-Hill Interamericana, México, 1997.

Figura 2.1. Etapas en el desarrollo de la propiedad

Aunque la institución del *mayorazgo* favoreció en varios países la continuidad del modelo del dueño controlador entre los siglos XVI y XIX, en nuestros tiempos, muchas legislaciones propician una transferencia de propiedad igualitaria entre los hijos, por lo que la sociedad de hermanos suele ser la sucesión natural de la etapa del dueño controlador. No siempre los hermanos son los continuadores de la empresa familiar, pues hay ocasiones en que esta ha nacido a partir de la visión emprendedora de hermanos. Cualquiera sea el caso, normalmente algunos hermanos trabajan en la empresa, con lo cual son ejecutivos, además de socios o accionistas, mientras otros solo son propietarios. Lamentablemente, muchas veces el dueño controlador no planifica su sucesión en la gestión ni en la propiedad, y cuando fallece, sus hijos reciben la empresa en partes iguales e intentan manejarla lo mejor que pueden. Sin embargo, esta falta de planificación puede derivar en conflictos si los hermanos no logran ponerse de acuerdo.

El consorcio de primos, que suele comenzar con primos en primer grado y luego extenderse hacia primos en segundo o más grados, es normalmente la forma más avanzada de propiedad. Son empresas muy diferentes de las sociedades de hermanos y de las controladas por un dueño. En ellas suele haber una mayor cantidad de accionistas, varios de los cuales probablemente no están en la gestión de la compañía, sino solo en la propiedad. Por estas características, y por el hecho de que en ellas se van diluyendo los vínculos de parentesco, las empresas de primos constituyen el tipo más complejo de manejar.

Estimaciones a nivel mundial, extrapolables a Latinoamérica, indican que alrededor del 70% de las empresas familiares se encuentran en la etapa del dueño controlador, el 20-25% son sociedades de hermanos, mientras solo un 5-10% están en la etapa de los primos. Es posible que el porcentaje de empresas de hermanos tienda a aumentar, al menos en algunos países. Por ejemplo, en los Estados Unidos, varios estudios señalan que la mayoría de las empresas familiares existentes hoy en día fueron fundadas por empresarios de la generación de veteranos de la Segunda Guerra Mundial, o por *baby-boomers*, es decir, aquellos nacidos en la época del *boom* o auge económico que tuvo ese país después de la guerra. Dichas investigaciones comentan que dos tercios de esos fundadores anticipan traspasar la propiedad de sus empresas a sus hijos por igual. Esto implica que el número de empresas de hermanos tenderá a aumentar.

Etapas en el desarrollo de la familia

El desarrollo de la familia en su relación con la empresa familiar puede dividirse en cuatro etapas, siguiendo el mismo esquema conceptual propuesto por Gersick y sus colegas[7]. Basándose, a su vez, en la teoría evolutiva de Daniel Levinson[8], estos autores proponen una secuencia que comienza con lo que ellos llaman las familias jóvenes en la empresa, cuando los propietarios de esta tienen hijos menores de 18 años de edad. La etapa que sigue, como podemos ver en la Figura 2.2, se caracteriza por el ingreso de estos hijos a la empresa familiar. La tercera etapa consiste en el trabajo en conjunto entre padres e hijos y, finalmente, en la cuarta etapa se produce el traspaso del bastón de mando de padres a hijos. El modelo sugiere que la misma familia –en diferentes etapas de su desarrollo– experimenta situaciones y problemas distintos. En otras palabras, aunque las personas sean las mismas, las prioridades y temas fundamentales cambian de manera predecible, pues tienen que ver con los dilemas existenciales de cada etapa.

Por otra parte, estas cuatro etapas del desarrollo de la familia en la empresa familiar constituyen un modelo muy interesante para analizar cómo se involucra o relaciona la familia con el trabajo en la empresa familiar. Veremos estas relaciones en el Capítulo 5, a propósito de la formación de la siguiente generación.

---

7. Gersick, Kelin et al.: *Op. cit.*
8. Levinson, Daniel, et al.: *The Seasons of a Man's Life.* Ballantine Books, New York, 1978.

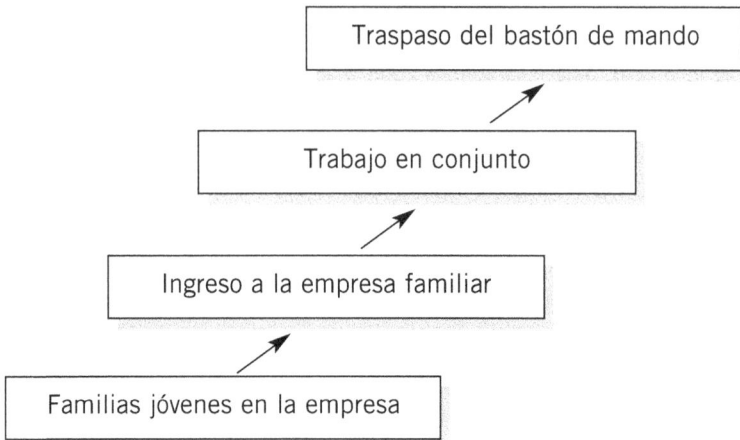

Fuente: adaptado de Gersick et al.: *Op. cit.*

Figura 2.2. Etapas en el desarrollo de la familia

Etapas en el desarrollo de los negocios

Desde el punto de vista de la administración, se pueden distinguir al menos tres etapas en la evolución en el tiempo de las empresas familiares. La Figura 2.3 muestra esta secuencia. La primera es la de inicio y despegue. Es difícil, de supervivencia, y aquella en la que muchos negocios suelen fracasar. Estadísticas recogidas en los Estados Unidos señalan que el 40% de las empresas familiares desaparecen en sus primeros cinco años de vida. En Latinoamérica esas cifras son parecidas. En Chile, por ejemplo, este porcentaje alcanza al 50%.

Quienes logran sobrevivir a esta etapa pasan a una segunda, que se suele reconocer como de expansión y formalización de los negocios. En ella la empresa crece, va más allá de su ámbito local, de la ciudad, de la provincia, avanza a nivel regional, luego nacional y, muchas veces, internacional. Es el momento de desarrollar sus negocios, de abrir sucursales y aumentar las ventas, todo eso acompañado por un proceso de profesionalización de sus actividades, ya que comienza a incorporar personal con estudios y experiencia, estandariza los procesos y los sistemas, y pone por escrito todos los procedimientos. Es decir, se formaliza la actividad emprendedora iniciada unos años atrás.

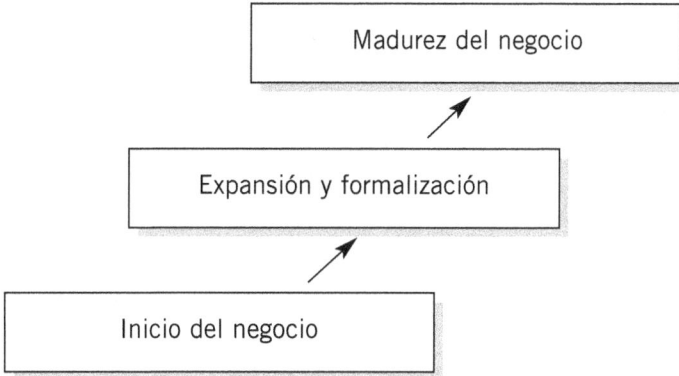

Fuente: ídem.

Figura 2.3. Etapas en el desarrollo de negocios

Las empresas que superan con éxito la expansión y formalización, pasan a una tercera fase que se suele conocer como etapa de madurez, y que se caracteriza por ser un período de consolidación. Ahora el crecimiento requiere más recursos y coordinación. Muchas compañías logran crecer pero, por lo general, a un ritmo menos acelerado. Otras necesitan abrirse a la Bolsa para conseguir el capital necesario, y algunas son vendidas y dejan de ser familiares. Para aquellas que continúan en manos de una familia, esta suele ser una etapa de institucionalización, lo que significa crear una verdadera institución que va más allá de las personas y que perdura por sí misma. Aun cuando cambian las personas, la institución queda, permanece en el tiempo y es capaz de sobrevivir a sus propietarios y gestores. Esta institucionalización también puede darse en la etapa anterior –de expansión y formalización–, aunque es menos frecuente.

Estos tres enfoques de desarrollo –desde el punto de vista de la propiedad, de la familia y de los negocios– se pueden reunir en un solo esquema conceptual, como se muestra en la Figura 2.4. Al fusionar los tres diagramas, vemos que las empresas familiares pueden ser de tipos muy diversos, según en qué etapa se encuentran en cada uno de estos subsistemas. De este modo, podemos tener una empresa familiar que es una sociedad de hermanos, que se encuentra en la etapa del trabajo en conjunto entre padres e hijos y, al mismo tiempo, en la etapa de expansión y formalización, y tiene poco en común con otra en la etapa del consorcio de primos, de ingreso a la empresa familiar y de madurez del negocio. Esto demuestra que las empresas familiares no son un ente genérico indivisible, sino un espectro de diversos tipos de organización que pueden tener muy poco que ver entre sí y que presentan una gran variedad de gamas de problemas, oportunidades y situaciones.

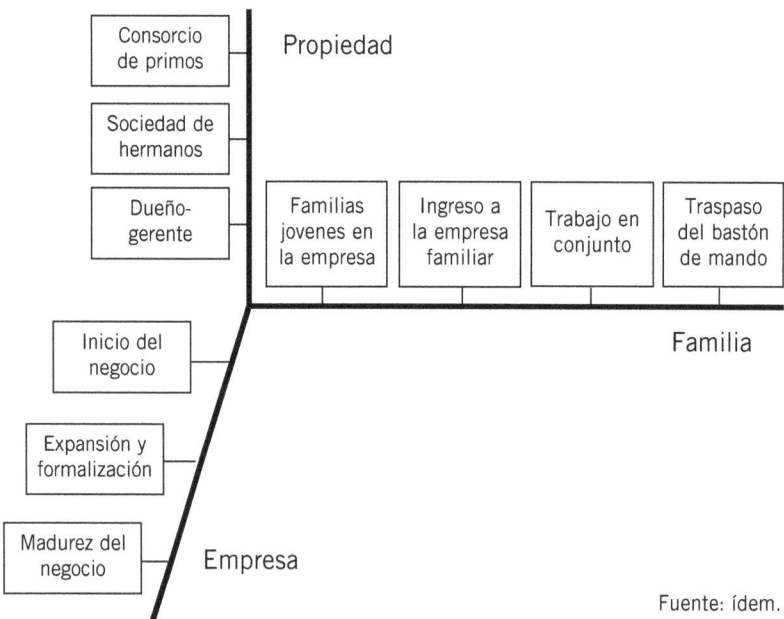

Fuente: ídem.

Figura 2.4. Etapas en el desarrollo de la empresa familiar

Este modelo nos ayuda a anticipar cuáles serán los retos que enfrentará una empresa familiar determinada. Si sabemos en qué etapa de desarrollo (en cada casillero) está en un momento específico, podemos predecir con bastante certidumbre algunos de los desafíos que va a tener que resolver.

Aspectos críticos en cada etapa

En la etapa del **dueño-controlador** o **dueño-gerente**, el tema más crítico es la dependencia de una sola persona, que además suele ser el número uno o máximo ejecutivo. Este individuo tiende a rodearse de otros muy leales que han confiado en él y en su proyecto. Desde un comienzo empieza a controlar todas las acciones y los resultados están relacionados básicamente con la energía y el sello que él le da la organización. Como dueño-gerente-controlador toma todas las decisiones, o gran parte de ellas, y es el motor del crecimiento de la compañía. Cuando los resultados son buenos y su fórmula prueba ser exitosa, toma confianza en sí mismo y tiende a reafirmar y repetir su modelo.

Tabla 2.1
Aspectos cruciales en tres tipos de empresas familiares

Dueño-gerente	Sociedad de hermanos	Consorcio de primos
• Dependencia de una sola persona • Transición del liderazgo • Formación del sucesor	• Armonía y trabajo en equipo de la familia • Dirección profesional • Revitalización de la estrategia	• Organización familiar • Cultura innovadora • Reinversión versus liquidez para los accionistas

Si bien la responsabilidad de una sola persona –si esta es competente– tiene algunas ventajas, como por ejemplo permitir una mayor agilidad en la toma de decisiones, con el tiempo puede llegar a ser peligrosa para el negocio. Lo que suele ser un activo al principio, con frecuencia se convierte en un pasivo más tarde, cuando la empresa crece y evoluciona hacia una mayor complejidad. Y si esa persona llega a faltar o a disminuir su energía, toda la organización se resiente al mismo tiempo.

Es fundamental –aunque no resulte fácil hacerlo– tratar de compartir esa autoridad con un equipo de gerentes. De esta forma, las tareas y decisiones clave descansarán en varios.

Otro asunto a considerar es la transición del liderazgo. La sucesión es uno de los temas críticos en todas las etapas de la empresa familiar, pero lo es mucho más en la del dueño-controlador, porque es la primera vez que se diseña o se planifica, por tanto no hay experiencia previa ni tradición, y, además, porque los fundadores son muy difíciles de suceder. Suelen ser personas que se han ganado a pulso todo en la vida; personas que con mucho sacrificio han logrado levantar un negocio de la nada. Su éxito les reafirma mucho su autoestima y la confianza en sus medios, por lo cual es muy difícil encontrar a alguien que pueda sustituirlos, al menos a sus ojos. En consecuencia, la transición del mando es un aspecto crucial, especialmente en la primera sucesión, en la que la empresa pasa del dueño-gerente a la sociedad de hermanos.

Por cierto es importante en esta etapa la formación del sucesor, o de los sucesores, si se ha decidido que sea más de uno. Así como planificar la sucesión es un gran desafío, también lo es formar a quien será el sucesor. No sacamos nada con tener a un líder actual que planifique muy bien su sucesión y su retiro, si no se ha capacitado o entrenado adecuadamente a quien lo va a suceder.

En la **sociedad de hermanos** hay tres grandes temas o aspectos principales. En primer lugar, la armonía y el trabajo en equipo de la familia. Aprender a colaborar con los demás y a compartir las decisiones es el reto fundamental para los hermanos. El individualismo y la adopción de decisiones a solas, que resultan indispensables en la etapa del dueño-gerente, no funcionan y son muchas veces la receta para el fracaso en la etapa de los hermanos. Aquí los hermanos deben hacer un gran esfuerzo por trabajar unidos y en equipo, aunque en ocasiones les resulte difícil por no ser muy compatibles.

La dirección profesional de la empresa o profesionalización de la gestión es el segundo gran tema en la sociedad de hermanos. Por lo general, los hermanos que suceden a un dueño-gerente fundador son personas que han tenido más estudios que su antecesor, porque han ido a la universidad, o al menos han tenido una buena instrucción escolar y, por tanto, aprecian en buena medida la sistematización y profesionalización de la gestión. Dado que esta etapa suele coincidir con la de expansión y formalización de los negocios, los hermanos normalmente deciden hacerlos crecer y establecer normas mediante una serie de procedimientos estándares, de desempeño, métodos y sistemas que hacen que la compañía pueda ser administrada por diversas personas, parientes o no.

El tercer aspecto a tener en cuenta es la revitalización de la estrategia. Como han pasado años y la compañía continúa con la estrategia que ideó el fundador, es hora de ponerla al día, de revisar las fuerzas del sector o industria, analizar las amenazas y oportunidades del entorno y diseñar la estrategia competitiva que llevará a la compañía al nuevo estadio de desarrollo. En ocasiones, los hermanos implementan otros negocios afines a los que creó el fundador. Esta diversificación no solo les permite crecer, sino también diferenciarse en sus actividades.

En el **consorcio de primos** existen tres grandes temas o aspectos destacables. El primero de ellos es la organización familiar. Uno de los grandes problemas que enfrentan los consorcios de primos es la mayor cantidad de miembros y, por ende, de accionistas que tienen el control. Esto hace que sea imprescindible organizar a la familia, especialmente a los dueños de la propiedad, en torno a ciertos acuerdos, reglas o leyes que permitan encauzar la iniciativa de todos. Si no lo hacen, es probable que nunca lleguen a un acuerdo, y las diversas ramas de la familia, encabezadas por los primos en primer grado, tenderán a "tirar cada una por su lado", con lo cual difícilmente se conseguirá avanzar en el sentido más conveniente para la empresa. El Consejo de Familia y el Protocolo –que se explican en el Capítulo 11– pueden resultar decisivos en este momento.

El segundo gran tema en esta fase es cómo mantener una cultura innovadora en el interior de la empresa familiar. Después de la etapa del fundador y de los hermanos, la empresa suele ser menos innovadora. Casi siempre, el fundador ha sido un gran empresario, los hermanos han hecho crecer la compañía dentro del mismo negocio, pero ya en la etapa del consorcio de primos se suele notar la falta de espíritu emprendedor. Se tiende a hacer más de lo mismo, a no cuestionar demasiado los postulados o fórmulas ganadoras del fundador y, por tanto, se requiere innovar mucho para hacer frente a las nuevas condiciones del mercado. La presencia tanto de una cultura innovadora como de una cultura del cambio es fundamental para enfrentar con éxito la etapa de los primos.

Otro dilema de interés es reinvertir las utilidades en la empresa o entregar más liquidez para los accionistas. Este es, probablemente, uno de los temas más difíciles que deben abordar la Gerencia y el Directorio. En esta etapa, gran parte de la familia que se encuentra fuera de la gestión (se los conoce como accionistas pasivos) clama por mayores dividendos. Al fin y al cabo, es la única conexión que muchos de ellos tienen con la empresa familiar. Se quejan con frecuencia de que los gerentes familiares quieren distribuir pocos o bajos dividendos, debido a que no los necesitan tanto porque perciben una remuneración o sueldo. Es muy peligroso que la empresa familiar se haga eco y escuche demasiado el reclamo de los accionistas pasivos, pues si así ocurriera, dado que las empresas familiares se financian fundamentalmente con capital propio, la reinversión de utilidades no bastaría, y no sería suficiente para permitir el crecimiento de la compañía y el financiamiento de los proyectos de inversión necesarios para competir con éxito en un mercado crecientemente globalizado.

PARTE II

PLANIFICACIÓN DE LA SUCESIÓN Y PREPARACIÓN DE SUCESORES

CAPÍTULO 3

CÓMO PLANIFICAR LA SUCESIÓN EN LA EMPRESA FAMILIAR

La esperanza de vida de las empresas familiares suele ser más corta que la del resto. Una de las causas fundamentales es que sus propietarios y directivos toman muy tarde –o simplemente no las toman– cruciales decisiones para asegurar su continuidad, entre ellas la planificación anticipada de la sucesión. En este capítulo veremos cómo se puede organizar la sucesión para asegurar una continuidad exitosa.

Conceptos clave respecto de la sucesión

La sucesión es la transmisión del mando y de la propiedad de una generación a otra. Por tanto, tiene dos vertientes: una en la gerencia y otra en la propiedad. Ambas son fundamentales y están estrechamente interrelacionadas.

La planificación anticipada y en vida de la sucesión es crítica. No designar ni preparar con tiempo a los sucesores suele dejar a los herederos ante serios problemas que, por lo general, imponen una fuerte presión emocional. Desde el punto de vista de la propiedad, la legislación varía de país a país y es un tema jurídico que no abordaremos en este libro.

Hay que pensar a la sucesión como un proceso, y no como un hecho puntual. Es decir, no como algo que ocurre en un instante, sino como el resultado de todo un trabajo de largo aliento. Como decía un destacado empresario al reflexionar sobre el tema en su propia compañía, "es como filmar un video, no como tomar una fotografía. Mientras esta última ocurre en un momento en el tiempo, en el video uno puede retroceder y avanzar la cinta, editarla, etc.". En la mayoría de los casos este proceso evolutivo puede tardar varios años.

La sucesión ideal es aquella que no se siente, que nadie advierte, que no provoca ningún trauma en la empresa ni en la familia. Una sucesión exitosa eleva el valor de la empresa en el mercado, dado que esta sigue su curso como si no hubiera ocurrido nada. Las empresas familiares suelen ser mucho mejor evaluadas por el mercado cuando pasan esta transición sin ningún conflicto ni problema que altere de manera importante sus proyectos y flujos futuros.

Planificar su propia sucesión y retirarse a tiempo de la gestión ejecutiva para dar paso a la siguiente generación –o a un gerente no familiar– es uno de los actos de mayor valentía que pueda realizar un empresario en su vida.

Cómo prepararse con tiempo para la sucesión

Mucho antes de enfrentar la sucesión propiamente dicha, el líder actual debe asegurarse de cumplir una serie de etapas. En primer lugar, debe **institucionalizar la empresa**, es decir, convertirla –tal como hemos explicado– en una institución que pueda perdurar en el tiempo, más allá de las personas. Para esto es fundamental dibujar imaginariamente los límites de los tres círculos: familia, empresa y propiedad, y separar adecuadamente los roles de los propietarios y los familiares en ellos.

En segundo lugar, el líder actual, junto con sus principales colaboradores, debe **desarrollar un plan estratégico**. Es fundamental definir el rumbo para los siguientes 3, 5 o más años. Anticipar los escenarios futuros permitirá a la empresa responder con más velocidad ante los cambios del entorno. Ese plan debería ser diseñado por los ejecutivos de primera línea, entre los cuales es muy probable que se encuentre el sucesor. Luego, al asumir, este podrá continuar con dicho plan y la empresa no alterará significativamente el rumbo, lo que le dará mayor continuidad y estabilidad.

Además, el líder actual debe asegurarse de **poner por escrito la misión, los valores y las principales políticas de la empresa** que se desea perpetuar.

En cuarto lugar, debe **establecerse un sistema de gobierno corporativo para la empresa**, con un Directorio que incluya miembros de la familia y directores externos. Dada la importancia de este tema, lo veremos con más detalle en el Capítulo 10.

Finalmente, el líder actual debe **desarrollar un plan de financiamiento personal para el resto de su vida**. Es fundamental que, incluso antes de empezar a idear su sucesión, ya esté pensando en un plan de sustento personal para cuando se retire de la gestión. Más allá de la empresa, es preciso que pueda tener los fondos necesarios para disfrutar del resto de su vida como merece.

Elementos centrales de un plan de sucesión

A continuación analizaremos los elementos centrales de un plan de sucesión y cómo estos se conjugan para desarrollar el proceso de traspaso en vida del líder actual.

Romper con el tabú de la sucesión

El natural temor a la muerte y la pérdida de poder y actividad laboral, después de permanecer muchos años en la cima de la compañía, suelen llevar al actual líder de la empresa, especialmente si es fundador, a resistirse a la sucesión y no hablar de ella. Una investigación de Ivan Lansberg descubrió que también hay otras personas en la propia familia, y fuera de ella, que se resisten y conspiran contra la sucesión[9]. Entre las que se encuentra la esposa del fundador, para quien también la sucesión de su marido es su propia sucesión. De algún modo, si es uno de sus hijos quien asume el mando, su nuera se convertirá en algo así como la "primera dama" de la empresa y, por tanto, es posible que consciente o inconscientemente se resista al cambio porque perderá los privilegios de ser la esposa del número uno.

Los hijos también, de algún modo, pueden resistirse a la sucesión. Aquel que se atreva a tocar el tema en alguna reunión familiar puede ser visto como ambicioso por sus hermanos, por lo que todos tratan de evitarlo. Por otra parte, suelen ser criados desde pequeños con el concepto de que todos son iguales ante los padres y, en consecuencia, esperan recibir los mismos beneficios o gozar de los mismos privilegios, sin excepción. Luego, cuando llegan a la edad de dirigir la empresa familiar, les resulta muy difícil aceptar la conveniencia de que solo uno de ellos sea el líder. De esta forma, pueden atentar contra el desarrollo de la sucesión.

También a los empleados de la empresa, quienes han sido fieles y leales al actual líder –y, si este es el fundador, lo han acompañado desde los inicios– les resulta muy complejo recibir de la noche a la mañana a un nuevo líder. Algunos se resisten también porque, de algún modo, la suce-

---

9. Lansberg, Ivan: "The Succession Conspiracy". En *Family Business Review* I (2), 1988, pp. 119-143.

sión del líder actual es su propia sucesión. Tendrán que dejar paso a otros ejecutivos más jóvenes, cuya principal virtud no será la antigüedad ni la lealtad a la empresa, sino la idoneidad y la capacidad para desarrollar funciones en un mundo cada vez más competitivo.

Asimismo, los proveedores, acreedores y hasta los clientes pueden atentar, de alguna manera, contra una sucesión fácil o simple. Los proveedores y los clientes suelen echar en falta al líder anterior mediante expresiones como "el hijo no es igual", "el padre tenía otros principios y valores" o "con el padre era mucho más fácil", con las que crean un ambiente poco propicio para la aparición y desarrollo exitoso de un nuevo líder.

Finalmente, otros fundadores y amigos del fundador suelen atentar contra la sucesión. Expresiones como "el capitán es el último que abandona el barco" o "hay que morir con las botas puestas" son reflejo de una cultura que premia resistirse hasta el final. Para muchos fundadores de empresas, la idea de un líder que planifique su sucesión y se retire a tiempo es inconcebible y, a veces, es considerado como un acto de debilidad y cobardía.

En fin, de acuerdo con el estudio de Lansberg, todas estas personas conspiran contra la sucesión, evitando hablar del tema o poniendo trabas por distintas razones. La manera de romper con este círculo vicioso tan negativo para comenzar a planificar adecuadamente la sucesión, es discutir con tiempo, serenidad y objetividad acerca de este proceso en el seno de la familia, del Directorio y del consejo familiar. Los cursos, programas, foros, facilitadores y asesores y todas aquellas instituciones o personas capaces de abrir la mente de los empresarios y sus familias pueden jugar un rol decisivo para terminar con el tabú de la sucesión. Una vez que se convierta en un tema del cual se pueda hablar libremente, se habrá avanzado un importante paso en el proceso de planificación.

Escoger el esquema de sucesión más conveniente

El segundo elemento central de un plan de sucesión es escoger el esquema más conveniente, lo que significa que el dueño y líder actual debe decidir cómo distribuirá la propiedad y gestión de la empresa entre sus hijos. Pese a que la legislación de cada país establece un orden hereditario para cuando fallece el dueño de una compañía, al planificar con tiempo y entregar la propiedad en vida uno puede alterar ese orden, dentro de los márgenes que permite la ley.

La mejor forma de explicar este punto es a través de un ejemplo. Imaginemos el caso de una empresa de propiedad de un solo dueño y fundador, quien tiene cuatro hijos. Solo uno de ellos, digamos que se llama Juan, está interesado en trabajar en la empresa, y posee mucha habilidad para los negocios. Su padre tiene plena confianza en él y lo ha preparado durante años para que sea su sucesor al frente de la empresa. Los hermanos desarrollan otras profesiones o intereses en la vida, y no son muy unidos como familia. El padre tiene que decidir si distribuye la propiedad en partes iguales entre los cuatro hijos, o si hace alguna diferencia a favor de Juan. En el primer caso, los tres hermanos que no trabajan en la empresa podrían bloquear eventualmente las decisiones gerenciales de Juan a través del Directorio o de la Junta de Accionistas. En otras palabras, si no se llevan bien, los hermanos que son accionistas pasivos podrían impedir que Juan condujera la empresa. Para que ello no ocurra, el padre podría decidir dejar la mayor parte de la propiedad en manos de Juan, de manera que con el apoyo de solo uno de sus tres hermanos pudiera conseguir el control. En ambos casos podría compensar al resto de sus hijos con otros bienes que poseyera fuera de la empresa.

Otra posibilidad de asegurar el control por parte de Juan sería que todos los hermanos tuvieran igual propiedad (derechos económicos), pero Juan tuviera mayor control, o el control total sobre la administración (derechos políticos o poder de decisión). La misma idea sería aplicable si fueran dos los hermanos sucesores, en lugar de solo uno. Hay varias formas de otorgar mayores derechos políticos o control sobre las decisiones de la empresa. Tres de ellas son: a) a través de un pacto de accionistas, b) mediante una serie de acciones con mayor derecho a voto, y c) por la vía de una sociedad en comandita por acciones en que hay socios capitalistas y gestores, y estos últimos toman las decisiones.

En otras palabras, la idea es que si el líder actual quiere que la empresa siga siendo muy competitiva en un mundo cada vez más complejo, puede asegurar que el control de la propiedad acompañe a la gestión, en lugar de que sus herederos se trencen en disputas y conflictos por la conducción. De hecho, cuando se pasa desde un solo dueño-controlador a un grupo de hermanos, y luego a uno de primos, se avanza hacia una empresa más difícil de conducir. Ello porque hay más personas tomando decisiones y porque la sangre se ha "diluido"; por tanto, la diversidad de objetivos y estilos de dirección es mayor. El mensaje, entonces, es que efectivamente se puede hacer algo para evitar pasar a organizaciones más complejas, como son las de hermanos o de primos. La idea final es que es posible rediseñar la empresa familiar y dejar su control en manos de las personas más capaces, aunque ello vaya en contra de las costumbres y las tradiciones de la sociedad. Algunas veces, solo así se puede asegurar la continuidad exitosa de la empresa familiar.

Establecer un calendario de hitos

Definir los hitos o momentos cruciales en el proceso de sucesión y establecer un calendario o itinerario es otro tema fundamental.. Los principales momentos son:

- fecha de elección del esquema de sucesión;
- fecha de designación del sucesor;
- fecha de retiro del líder actual y asunción del nuevo.

El primer hito es lo que hemos analizado en la sección precedente, es decir, cómo se van a distribuir la propiedad y la gestión en la próxima generación. Los actuales líderes y propietarios de empresas familiares deberían destinar un tiempo prudente para pensar y tomar esta decisión. Durante este tiempo, es muy recomendable que asistan a cursos especializados acerca de estos temas, lean bibliografía apropiada, conversen con otros empresarios familiares, observen a sus hijos, reciban retroalimentación de sus colaboradores cercanos, etcétera.

Una vez decidido el esquema, es preciso darse un plazo límite para escoger y nombrar a la persona –o personas– que habrá de continuar como líder indiscutido de la empresa.

La tercera fecha clave es aquella en que el líder actual entrega el bastón de mando a su sucesor. Mientras este asume su cargo, el que hasta entonces ha sido líder se retira oficialmente de la gestión. Este es, sin duda, el hito más importante de todos en el calendario de sucesión. Si no se establece con precisión, todos los demás pierden sentido.

El proceso, desde que se designa al sucesor hasta que este asume el mando, puede durar unos cuantos años. Este itinerario parece una carrera de relevos, en que el fundador va traspasando el bastón de mando durante un período tal, que el sucesor es capaz de asimilar dichas responsabilidades.

Retiro del fundador o líder actual

Dentro de los elementos del plan de sucesión es muy importante que el fundador establezca con mucha anticipación un plan de retiro. Dicho plan debe incluir actividades que le permitan disponer de tiempo libre para desarrollar sus intereses personales y seguir vinculado a la empresa y contribuyendo parcialmente con ella.

El plan de retiro es una de las cosas que más le cuesta diseñar a un fundador o líder en general. La mayoría de estas personas están preparadas para conducir su empresa, pero no para estar al margen de ella, con lo cual el retiro constituye una etapa muy penosa y difícil de asumir. Pensar en ello resulta tremendamente complicado. Como decíamos a propósito del tabú que rodea a la sucesión, para muchos equivale a pérdida de poder y de actividad.

Cuanto más tarde se establezca ese plan de retiro, más difícil será darle contenido. Cuanto antes comience a hacerlo y a pensar sobre las actividades que desarrollará una vez retirado, más fácil será para el líder encontrar cómo ocupar efectiva y eficientemente su tiempo después de alejarse de la empresa. Hay que pensar que al aumentar la esperanza de vida de las personas hasta niveles cercanos a los 80 años, y con una edad de retiro típica que fluctúa entre los 60 y 70, hay entre 10 y 20 años que constituyen una especie de "segunda vida" para los fundadores y líderes actuales. Es preciso, entonces, prepararse con tiempo y aprovecharla al máximo.

Por otra parte, es importante que el fundador o líder actual no desaparezca por completo de la empresa de la noche a la mañana. El retiro no implica una desvinculación total, sino la entrega del cargo de ejecutivo máximo: gerente general. Pero puede seguir siendo útil como asesor o consejero, contribuyendo con sus valiosas experiencias y conocimientos. De hecho, muchos líderes dejan por completo la gestión ejecutiva para pasar a presidir el Directorio. Como decía un destacado empresario ya retirado: "cuando me retiré no dejé de trabajar, solo cambié de trabajo".

La forma en que los fundadores o actuales líderes dejan sus actividades ha dado lugar a lo que se conoce como "estilos de salida". Jeffrey Sonnenfeld investigó los estilos de salida más comunes de los fundadores[10]. Los cuatro más frecuentes son los que siguen.

- En primer lugar, los "monarcas", o sea, aquellos fundadores o líderes que se resisten a la sucesión y tienen que ser obligados a retirarse.
- En segundo lugar, los "generales", que deben ser obligados a irse también, pero planifican su regreso para reconquistar la gloria pasada.
- En tercer lugar, los "embajadores", es decir, quienes se retiran por su propia voluntad y permanecen como asesores de la empresa.
- En cuarto lugar, los "gobernadores", que cortan la relación con la empresa y emprenden nuevas actividades.

De todos ellos, los más beneficiosos para la empresa familiar son los "embajadores" y los "gobernadores", en ese orden, y los más perjudiciales, los "monarcas" y, peor aún, los "generales", porque estos últimos no solo se resisten a la salida, sino que, además, suelen regresar.

Sonnenfeld[11] señala que los diferentes estilos de salida se producen porque difieren las percepciones de lo que él llama el "estatus" y la "misión heroica". En primer lugar, el status es el conjunto de privilegios (remuneración, poder, bienes tangibles, obediencia) de que gozan los líderes de la compañía mientras lo son y a los cuales no están dispuestos a renunciar fácilmente, en especial los "monarcas" y "generales". En cambio, los "embajadores" y "gobernadores" parecen ser mucho menos sensibles a esas pérdidas.

Los "monarcas" y "generales" suelen definir una misión demasiado ambiciosa, que les podría tomar dos o más vidas

---

10. Sonnenfeld, Jeffrey A.: *The Hero's Farewell: What Happens when* CEO's *Retire*. Oxford University Press, New York, 1988.
11. Sonnenfeld, Jeffrey A.: Ibídem.

poder cumplirla. En cambio, los "embajadores" y "gobernadores" establecen misiones más acotadas, de menor aliento, con lo cual les resulta más fácil terminar su tarea y dejar el mando. En otras palabras, dependiendo de la misión o conjunto de responsabilidades que se han propuesto, tendrán mayor o menor propensión a dejar el cargo. Los "monarcas" y "generales" creen que nunca es tiempo de hacerlo, porque sienten que no han terminado la tarea y les queda mucho todavía por hacer. En cambio, los "embajadores" y "gobernadores", al imponerse tareas más cortas y simples, sienten que han cumplido sus responsabilidades y que es hora del retiro.

Grandes dilemas en la sucesión

Toda empresa enfrenta importantes dilemas al encarar la sucesión. Uno de ellos es en qué momento debe producirse el traspaso del bastón de mando. La experiencia de muchísimas empresas nos indica que cuando ese traspaso se produce demasiado pronto, socava el liderazgo actual. Pero cuando se produce demasiado tarde, suele socavar el liderazgo futuro. Normalmente, la sucesión se produce cuando los líderes actuales tienen entre 60 y 70 años. Es un buen momento para el retiro, porque los líderes futuros tendrán entonces entre 35 y 45 años, una edad apropiada para hacerse cargo de las máximas responsabilidades de la empresa en un mundo cada vez más global, con toda la energía de la juventud y, al mismo tiempo, la experiencia de haber pasado bastante tiempo en la arena competitiva.

Otro gran dilema en la sucesión es quién o quiénes eligen al sucesor. Por lo general, no participa una sola persona, sino varias. Los que, sin duda, tienen más que decir en el proceso son los propios fundadores o líderes actuales, porque es probable sean ellos los que tomen la decisión final, especialmente en las empresas que están en la etapa de dueño-gerente. Sin embargo, quien debería resolver el problema es el Directorio, que representa a los dueños de la empresa, basándose en un perfil que ellos mismos hayan diseñado acerca de la persona que se necesita para conducir los destinos de la compañía. A esto debe agregarse, entonces, un análisis del perfil de los candidatos. El Directorio debe escoger sin presiones ni restricciones a la persona más idónea, más allá de la familia si es necesario. El ideal es que esta persona conozca la empresa y que haya trabajado un tiempo en ella; si a esto se suma que es un familiar, tanto mejor. Pero si no hay un buen pariente que pueda conducir la empresa, no habría que dudar en elegir a un miembro externo. Lo más importante es la idoneidad y la capacidad de liderazgo de esa persona, y no su condición de familiar.

La opinión de los hermanos del sucesor y los principales colaboradores también es importante. La experiencia indica que el futuro líder tiene que ser aceptado por sus pares y, por tanto, el líder actual debería escuchar a sus hijos o a sus sobrinos, según sea el caso, antes de tomar una decisión. Es preciso, eso sí, que esta información la obtenga de modo indirecto y sutil, sin despertar falsas esperanzas o expectativas en personas que no cumplen con el perfil deseado. Además, el líder actual tendría que escuchar, obtener información y sondear al personal, también de manera sutil, para saber si el futuro líder cuenta con el respaldo de quienes serán sus dirigidos.

Para terminar, nada mejor que una frase célebre de Peter Drucker: "La prueba final de la grandeza de un fundador o cabeza de la empresa, no solo es cuán bien escoge a su sucesor, sino también cuán bien puede mantenerse a un lado, dejando que aquel maneje la empresa".

CAPÍTULO 4

LÍDERES, GUARDIANES Y CUSTODIOS DEL LEGADO FAMILIAR

Al observar las prácticas de familias empresarias de distintas latitudes que han tenido éxito a través del tiempo, vemos que la preparación de los miembros de la siguiente generación debe realizarse en todos los ámbitos. Esto significa que al formar a los sucesores y herederos hay un trabajo muy importante a realizar en cada uno de los tres círculos (empresa, familia y propiedad).

En este capítulo, veremos que es fundamental preparar no solo líderes para la empresa, sino también custodios de los valores y guardianes del patrimonio familiar (ver Figura 4.1). Así, el legado de la generación mayor quedará en buenas manos. Describiremos también las prácticas utilizadas por las familias que han transmitido con éxito este legado.

PROPIEDAD

Guardianes
del patrimonio

Custodios de
valores

Líderes
empresariales

FAMILIA   EMPRESA

Figura 4.1. Formación de la siguiente generación en los tres círculos

Guardianes del patrimonio familiar

Las familias empresarias que quieren trascender con éxito a través de las generaciones han descubierto que es fundamental formar accionistas responsables y orgullosos de su negocio y de su patrimonio. Esto significa que los jóvenes que se incorporan a la propiedad, o que lo harán algún día, deben conocer sus derechos y responsabilidades. Si bien para todos es grato conocer sus derechos, por ejemplo recibir dividendos o tener control sobre las decisiones, más importante es estar consciente de las responsabilidades.

Sabido es que muchas empresas familiares pierden todo lo que han construido los fundadores cuando sus hijos, y especialmente sus nietos, no saben valorar ni mantener lo conseguido con tanto esfuerzo. Es muy común escuchar frases como "la primera generación lo crea, la segunda lo hereda y la tercera lo destruye". En todas las culturas se hacen este tipo de afirmaciones. Por ejemplo, en México existe el dicho "padre comerciante, hijo playboy, nieto mendigo"; en China, "de ojotas a ojotas en tres generaciones". Ojotas son sandalias de campesino, y quiere decir que la primera generación comienza siendo muy pobre y la tercera vuelve a serlo. En Italia, "desde los establos hasta las estrellas, y de vuelta a los establos en tres generaciones". La sabiduría popular transmitida durante siglos denota lo que lamentablemente es una realidad en muchas familias empresarias.

Como nadie nace conociendo estos derechos y responsabilidades, es preciso educar a la siguiente generación en ellos. Una forma de hacerlo es en el hogar, durante la infancia y la adolescencia de los hijos. Muchas familias han aprendido que si bien esta enseñanza de los padres es fundamental, es importante complementarla con una formación más sistemática. Algunas de ellas educan a los futuros herederos en los asuntos de la empresa familiar y en los derechos y responsabilidades de ser propietario a través de charlas dictadas por especialistas en temas financieros, legales y tributarios, y hasta desarrollan un programa o ciclo de sesiones cuidadosamente preparadas. A veces lo suelen complementar con una práctica o pasantía de algunos meses en la empresa, trabajando en distintas facetas del negocio, bajo la tutela de un gerente no familiar. He visto estos programas en distintos países, pero en particular me ha impresionado una familia brasileña que tiene la tradición de que todo miembro de la siguiente generación, no importa si piensa trabajar o no en la empresa, debe realizar un *estágio* o práctica de este tipo.

Uno de los factores clave para el éxito desde el punto de vista de la propiedad es el compromiso que sus socios o accionistas puedan tener en el tiempo con la empresa, es decir, transformarse en administradores o guardianes del patrimonio familiar. En inglés, existe el concepto de *stewardship*, literalmente "mayordomía", cuya traducción no literal es la disposición y capacidad para administrar, guardar y proteger, pero también acrecentar el acervo familiar.

Es imprescindible que, en toda etapa, pero especialmente en la del consorcio de primos, los dueños de la empresa familiar tengan este enfoque de guardianes del patrimonio familiar. Esto significa que, en lugar de pensar que la propiedad de la compañía les pertenece sin ninguna restricción o compromiso y que, por tanto, pueden hacer lo que les parezca con ella –cosa que desde el punto de vista legal es cierta–, sientan que esa propiedad de verdad pertenece a toda la familia, es decir, a todos los que ya pasaron por ella, a los ascendientes y descendientes, y a muchas generaciones en el futuro. Por tanto, su función es transitoria y su misión es entregar la empresa acrecentada y en mejores condiciones a las siguientes generaciones.

Custodios del legado de valores

También en el ámbito hogareño es preciso formar a los futuros sucesores y herederos del legado familiar. Y dentro de este ámbito, tal vez lo más importante es transmitir e inculcar a la siguiente generación los valores de la familia empresaria. ¿Qué son los valores? Hay muchas definiciones posibles, pero la que más me gusta es aquella que los considera los principios rectores de la acción, aquellos que la familia no puede negociar, es decir, a los que no puede renunciar.

¿Qué valores transmitir? ¿Qué valores tratar de preservar a través de las generaciones? Cada familia tiene sus propios valores y normalmente estos han jugado un rol muy importante en la historia de la empresa. Sin embargo, en mi trabajo con familias empresarias de distintos países, he detectado que algunos valores se repiten con frecuencia. Esto puede ser un indicio de que hay algunos que ayudan a todos. La Tabla 4.1 presenta los 10 valores más frecuentes en una muestra de 32 familias empresarias argentinas, brasileñas, chilenas, mexicanas y peruanas.

Tabla 4.1
Valores más frecuentes en familias empresarias latinoamericanas

Valor	Cantidad de menciones
• Honestidad, honradez, integridad, transparencia	24
• Unidad familiar	18
• Lealtad	18
• Respeto (a las personas, jerarquías, naturaleza, etc.)	16
• Solidaridad	10
• Humildad, sencillez, sobriedad, austeridad	10
• Justicia y equidad	9
• Generosidad	8
• Seriedad y responsabilidad	7
• Compromiso y dedicación al trabajo	6

No basta que los miembros de la familia conozcan los valores. Lo crucial es que los preserven, y para ello es preciso que se transmitan a las generaciones menores y que estas los hagan suyos. Por el tipo de valores que vemos en la Tabla 4.1, sin duda, el proceso de transmisión debe comenzar desde la más tierna infancia y continuar durante toda la niñez, adolescencia y juventud. Esta formación debe incluir, por tanto, otras influencias fundamentales y complementarias a las del núcleo familiar, como son el colegio, las amistades, etcétera. Por otra parte, no solo es importante que estos valores se inculquen en el seno de la familia nuclear, sino también en la familia como un todo, es decir, incluyendo a las demás ramas si se trata de una familia empresaria en la etapa de la sociedad de hermanos o de consorcio de primos. Aquí, el Consejo de Familia juega un rol fundamental.

Líderes empresariales

Al hablar de la formación de líderes para la empresa familiar, es pertinente preguntarse cuál es la visión ideal del futuro, del sucesor que uno quisiera que se hiciera cargo de la conducción de la empresa. Definir este perfil ideal ayuda a pensar en la formación que esa persona debería tener. He aquí una lista de atributos y condiciones deseados.

- Que se haya ganado el respeto de los empleados, los gerentes, el Directorio de la empresa y la familia en general.
- Que siempre haya sido una alternativa clara para hacerse cargo, es decir, que no sea una sorpresa, sino una persona que desde hace tiempo representa la opción más probable para tomar el mando de la empresa.

- Que concuerde con las necesidades estratégicas de la empresa, es decir, que tenga una clara visión de cómo competir en un mundo complejo y globalizado y sea capaz de conducir los negocios al éxito en ese mundo.
- Que tenga una adecuada formación empresarial. Que cuente con el nivel de estudios y la experiencia necesarios, tanto fuera como dentro de la empresa, tal como se requiere de un gerente general en la realidad actual.
- Que verdaderamente le guste la empresa y disfrute trabajando en ella.
- Que tenga su propio y leal equipo situado en la cima de la compañía. Que sea capaz de reunir a un grupo de ejecutivos de su confianza, poseedores de la competencia necesaria para dirigir con él la empresa.
- Que realmente quiera dirigir y que se sienta a gusto en el papel de líder.

La lista que acabamos de revisar es útil para comenzar, pero la idea es adaptarla a las necesidades específicas de cada empresa familiar en cada momento de su desarrollo. Es importante no dar por sentado que el próximo líder de la empresa deba ser parecido al líder actual, aunque este sea excelente. Las condiciones de los negocios cambian y se requieren directivos con habilidades distintas, por ejemplo, para trabajar en equipo y aplicar las nuevas tecnologías de información.

Por otra parte, el rol del líder puede cambiar, a veces de manera importante, de una generación a otra. Por ejemplo, si la actual generación ha tenido un gran éxito al hacer crecer la empresa en un entorno competitivo relativamente favorable, al próximo líder podría corresponderle consolidar dicho crecimiento en un entorno mucho más complejo y hostil, o crear nuevos negocios para diversificar el riesgo. En otras palabras, el punto es analizar bien qué tareas deberá desarrollar el próximo líder y cuál debería ser su perfil para llevarlas a cabo, antes de llenar el puesto con una persona determinada.

El proceso de formación o preparación de los candidatos a sucesor debería incluir una serie de requisitos, tales como:

- Estudios universitarios de las carreras o materias más importantes que tengan que ver con el manejo de la empresa. Normalmente, estudios de administración de empresas.
- Experiencia de trabajo de 2 a 3 años en otra empresa ajena a la familia y, de preferencia, más grande y profesional, en un sector con elementos afines a la compañía.
- En el momento de asumir el mando de la organización, es deseable que el sucesor también haya tenido experiencia laboral en la propia empresa, en cargos de línea, con responsabilidades y resultados mensurables.

Como se puede apreciar, el proceso contiene una fase de formación académica, para después pasar por una etapa de capacitación laboral externa, y luego por una de trabajo interno antes de asumir el mando superior de la compañía. Dentro de la última etapa, el sucesor debe iniciar un período de trabajo –por lo general de unos 3 a 5 años– en conjunto con el fundador o líder actual, durante el cual se le traspasan gradualmente las responsabilidades del cargo.

Es importante recordar que el poder es la capacidad de una persona de influir en el comportamiento de otro individuo. En cambio, la autoridad es el derecho de hacerlo y es la base de un genuino liderazgo. La clave está en conseguir que los sucesores de la empresa adquieran no solo poder, sino, y sobre todo, autoridad.

CAPÍTULO 5

FORMACIÓN DE LOS SUCESORES DE LA EMPRESA FAMILIAR

La continuidad exitosa depende en gran medida de la existencia de buenos sucesores. Para que ello ocurra, es indispensable que estos reciban una adecuada formación, tanto en el ámbito de la empresa como en el seno de la familia. En este capítulo explicamos –basados también en la experiencia– cómo desarrollar la mejor capacitación posible para los sucesores que provienen de la siguiente generación de la familia propietaria.

Desde el punto de vista de la familia existen cuatro etapas en el desarrollo de la empresa familiar[12]. La Figura 5.1 muestra el diagrama ilustrativo de estas etapas. En el eje horizontal aparece la edad de la generación mayor, mientras que en el eje vertical, la edad de la generación joven. Cuando la primera tiene entre 25 y 43 años, sus hijos suelen tener entre 0 y 18 años[13], y es la etapa que denominamos

---

12. Recordemos que este modelo fue desarrollado por Gersick, Davis; McCollom Hampton y Lansberg: *Empresas familiares: generación a generación*. McGraw-Hill Interamericana, México, 1997.
13. Esto supone generaciones cada 25 años, aunque hoy los jóvenes se casan cada vez más tarde.

Familias jóvenes en la empresa. Cuando la generación mayor se encuentra entre los 43 y 53 años y sus hijos entre los 18 y 28, se desarrolla la etapa del *Ingreso de los hijos en la empresa familiar.* Luego viene la etapa del *Trabajo en conjunto* entre padres e hijos, cuando la generación mayor tiene entre 53 y 63 años, y los hijos entre 28 y 38. Por último, cuando la generación mayor cuenta con 63 y más años y la generación joven está entre los 38 y los 50, suele producirse la etapa del *Traspaso del bastón de mando* o sucesión.

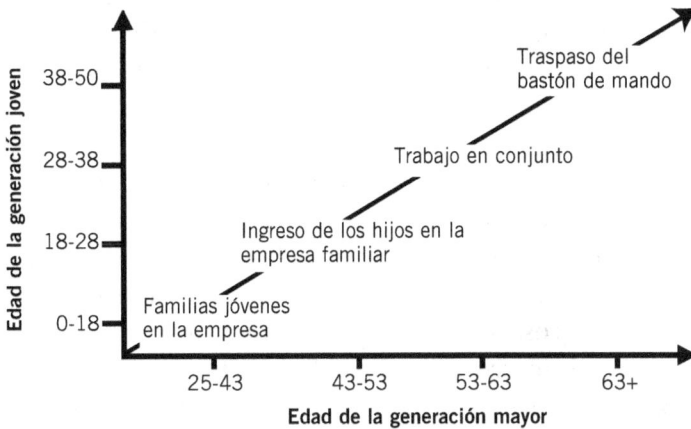

Fuente: adaptado de Gersick et al.: *Op. cit.*

Figura 5.1. Etapas en el desarrollo de la familia empresaria

A continuación vamos a analizar la formación de la siguiente generación en cada una de las etapas que hemos mencionado.

Familias jóvenes en la empresa

En la etapa de las familias jóvenes en la empresa, los padres suelen tener entre 25 y 43 años y los hijos son menores de 18 años, tal como se muestra en la Figura 5.1. En esta etapa, los hijos todavía no han ingresado en la empresa familiar, por tanto toda la experiencia con ellos se centra en el hogar, en el seno de la familia. A continuación vamos a analizar las lecciones que provienen de la experiencia de familias que han sabido manejar adecuadamente el proceso de formación de la siguiente generación. ¿Qué consejos podríamos ofrecer aquí?

En primer lugar, es muy recomendable mostrar a los hijos las alegrías y las penas de la empresa, con una visión equilibrada de lo que significa ser sus dueños y trabajar en ella. Algunos llegan a casa cada día quejándose amargamente de lo que ha sido su jornada y con esto no hacen más que ahuyentar a los hijos. Cuando estos superan los 20 años, muchas veces no demuestran interés por ingresar. Otras familias, por el contrario, suelen mostrar una visión demasiado "color de rosa" y solo cuentan lo bueno. Han decidido no llevar los problemas al hogar, pero con eso no hacen más que formar una imagen ficticia y el día en que los jóvenes ingresan en la empresa pueden sufrir una desilusión. Un último grupo suele no hablar nunca de la empresa en casa, para evitar los problemas anteriores. Pero eso es también una situación irreal.

También es útil hablar a los hijos acerca de la historia y las tradiciones de la familia y el negocio. En este punto, no solo los padres pueden hacer un gran trabajo, sino que también los abuelos, especialmente cuando ellos han fundado la empresa familiar y han comenzado de cero; de ese modo tienen una muy valiosa experiencia que transmitirles, especialmente si sus comienzos han sido difíciles, como es el caso de muchos inmigrantes europeos o del Medio o Lejano Oriente que llegaron a Latinoamérica en el último siglo. Es muy importante que estas conversaciones con los menores se hagan en el estilo y con el lenguaje apropiados a su edad.

Otra lección de la experiencia es la necesidad de invertir tiempo y prestar atención a la familia. La mayoría de los padres jóvenes, entre 25 y 43 años, suelen gastar casi toda su energía en el trabajo. Muchos se crían con la impresión de que la empresa compite con ellos por el cariño de sus padres y por eso es inevitable que tarde o temprano les "pasen la cuenta". En esta etapa es fundamental que los mayores hablen a sus hijos en forma equilibrada acerca de las oportunidades de hacer carrera tanto fuera como dentro de la compañía. Muchos sienten que sus padres los colocan en un "callejón sin salida" cuando les hablan de la empresa familiar, como si no tuvieran la oportunidad ellos mismos de elegir su propio destino, por eso es fundamental mostrarles las distintas opciones de que disponen, sin dejar de mencionar las oportunidades de hacer carreras independientes. Es cierto que los jóvenes que se sienten presionados terminan ingresando en la empresa, pero pronto sufren crisis que los alejan de ella para siempre.

Por último, es muy recomendable que los padres consideren trabajos de verano para sus hijos, porque esto les dará una visión de primera mano de lo que es la empresa de la familia, y les permitirá comprender y valorar lo que es trabajar y ganarse la vida con esfuerzo y sacrificio. Se recomienda que estos trabajos sean atractivos, breves (de no más de un mes) y remunerados (de acuerdo con la edad de los chicos), para despertar en ellos el espíritu empresarial.

Ingreso de los hijos en la empresa familiar

Esta etapa suele producirse cuando los padres tienen entre 43 y 53 años, y los hijos entre 18 y 28 años, tal como se aprecia en la Figura 5.1. Una serie de lecciones de la experiencia de otras empresas familiares pueden ayudar mucho para no cometer los errores típicos.

En primer lugar, dos a tres años de experiencia externa, es decir, trabajando en otras empresas, ayuda muchísimo. Algunas familias piden a la siguiente generación hasta cinco o más años de experiencia externa. Hay que tener cuidado de que no sea demasiado larga, porque si los hijos hacen carrera afuera podrían perder interés en trabajar en la empresa de la familia. Es muy deseable que esta experiencia sea realizada en compañías más grandes, más profesionales y, en lo posible, de sectores que tengan alguna similitud con aquel donde compite la empresa familiar.

Estos años de experiencia externa sirven enormemente al hijo para aprender, adquirir la disciplina y el hábito del trabajo, y ganar confianza en sí mismo para triunfar en un ambiente donde su apellido no tiene ninguna importancia. Esto le permite tener la satisfacción de haber sido aprobado por personas que no lo conocen. La visión de este hijo que ha tenido una experiencia externa valiosa es muy diferente de la de aquel joven inexperto que ingresa por primera vez por deseos de su padre.

También estos años de experiencia externa ayudan a los padres a valorar el trabajo de sus hijos y a recibirlos, luego, en la empresa familiar sin reprocharles su falta de experiencia o su exceso de teoría. Para otros empleados de la compañía, no parientes de los dueños, también es fundamental, de tal forma que no han entrado en la empresa por ser los "hijos del patrón", sino por méritos propios.

El segundo punto es que la familia debería tener normas muy claras para el empleo de sus miembros. En este sentido es fundamental poner algunos requisitos de entrada, tales como la condición de que haya una vacante para que un familiar ingrese, la experiencia externa y un mínimo de estudios. Estas normas y requisitos deberían ser fijados por el Consejo de Familia y formar parte de la Constitución o Protocolo de la empresa familiar. Es muy recomendable que todos los miembros de la siguiente generación conozcan estos requisitos de entrada cuando son adolescentes, no solo para estar al tanto de las reglas de la familia, sino especialmente para que les sirva de estímulo para estudiar y superarse.

Asimismo, se aconseja que los miembros de la familia inicien su trabajo en su nivel de competencia. Este punto es crucial, pues muchos padres se preguntan: ¿dónde tendría que comenzar a trabajar mi hijo cuando entre en la empresa? Algunos piensan que tienen que empezar en el puesto más bajo y atravesar toda la compañía para llegar a la Gerencia, tal como lo hicieron ellos. Otros hacen lo contrario y los ponen inmediatamente como asistentes del presidente o gerente general. Pienso que ambos enfoques están equivocados. No podemos poner a un hijo en cualquier lugar, sino en el nivel que corresponde a sus estudios y experiencia. Si, por ejemplo, ha egresado recién del colegio y por tanto no tiene experiencia externa ni ha estudiado en la universidad, el lugar que le corresponde es exactamente el que tendría otra persona que no fuera pariente y que está postulando a un empleo en la compañía. Si, en cambio, ha estudiado en la universidad, ha tenido una experiencia externa muy valiosa y luego ha realizado estudios de posgrado, como por ejemplo un MBA en el extranjero, es evidente que no puede ser incorporado en el puesto de menor rango. ¿Dónde habría que ubicarlo? Bueno, exactamente donde se lo haría si fuera una persona totalmente ajena a la familia. Es decir, hay que ubicar a los hijos, o familiares en general, de acuerdo con su nivel de competencia, sin que importe su apellido.

Es conveniente, además, que los familiares se incorporen a la empresa a partir de un cierto nivel, para que desde allí puedan proyectarse hacia posiciones de gerencia. La experiencia demuestra que no es aconsejable que miembros de la familia, que en el futuro serán accionistas controladores, ingresen y permanezcan en puestos de la mitad hacia abajo de la pirámide organizacional, pues allí carecerán de perspectiva para entender las decisiones estratégicas. Además, permaneciendo en cargos inferiores de manera permanente podrían aspirar a privilegios que no les corresponden como empleados, haciendo gala de su condición de accionistas ante sus superiores no familiares. Esto, sin duda, suele crear anomalías difíciles de resolver.

Otro consejo muy importante es que a los miembros de la familia hay que darles trabajos reales, que puedan ser medidos con parámetros reales y que reciban una retroalimentación real, es decir, no podemos inventar puestos para los hijos. Decíamos antes que no es conveniente que los hijos ingresen como asistentes del presidente de la compañía, pues allí no podrán ganar una experiencia valiosa para su liderazgo futuro. Es fundamental que vayan poco a poco adquiriendo experiencia al dirigir personas y obteniendo logros con trabajos de línea, no de staff, y que vayan siendo evaluados en el tiempo según su desempeño.

Es bueno recordar que las impresiones duraderas se logran en los dos primeros años de carrera, por tanto es indispensable que esta experiencia inicial de los hijos en la empresa sea exitosa. Algunos padres desean que sus hijos prueben a los demás su capacidad y los ponen a cargo de productos o áreas de la compañía donde es muy difícil tener éxito. Esto es un error, porque si los hijos no consiguen triunfar ante esa gran adversidad, perderán confianza en sí mismos, aparecerán ante los demás como incapaces y, finalmente, abandonarán la empresa familiar con una gran frustración en su vida. Tampoco queremos lo contrario, que se luzcan durante los primeros años de carrera con trabajos demasiado simples e irreales, en los que tendrán un éxito ficticio. Entonces es fundamental asignarles tareas normales, como aquellas que se les suele impartir a quienes no son de la familia.

En esta etapa es también muy importante que los gerentes no familiares comprendan y acepten su responsabilidad en la formación de los futuros gerentes familiares, que entiendan que en la empresa familiar es deseable que haya ejecutivos familiares competentes y capaces y que, por tanto, es necesario que ellos colaboren en su formación durante su paso por la empresa.

Finalmente, en esta etapa de ingreso a la empresa familiar, es muy aconsejable que exista un consejo familiar que facilite la discusión acerca de la entrada de los hijos en la compañía. De hecho, conviene crearlo antes del ingreso, de manera que las reglas y requisitos de entrada no tengan nombres ni apellidos y sean totalmente impersonales.

Trabajo en conjunto

En esta etapa en que padres e hijos trabajan en conjunto, la generación mayor suele tener entre 53 y 63 años, mientras que los jóvenes tienen entre 28 y 38, tal como aparece en la Figura 5.1. Veamos qué experiencia nos pueden aportar las empresas que han tenido éxito.

En primer lugar, es muy importante que los hijos tengan responsabilidades mensurables en la línea de gerencia y la oportunidad de tener éxito al ser evaluados. Ya han ingresado, ya han tenido la oportunidad para desarrollarse en los primeros años, y este es el momento de poner a prueba todas las capacidades de los posibles sucesores. Hay que otorgarles responsabilidades, darles un trabajo de línea evaluable, y comprobar si tienen las condiciones para ser los líderes del futuro.

En segundo lugar, es conveniente programar evaluaciones regulares de los ejecutivos familiares por parte de gerentes no familiares que los tienen a su cargo, pero no como algo especial, sino como parte del proceso de evaluación del desempeño que debe tener toda empresa profesional. Normalmente, los gerentes familiares que están escalando posiciones y trabajando en conjunto con los demás ejecutivos, están siendo evaluados por esos ejecutivos que no pertenecen a la familia. Es preciso apoyar la evaluación y retroalimentación posterior que entregan estos gerentes. Es importante tener un ojo puesto en aquellos familiares que prometen llegar arriba y convertirse en serios aspirantes a la sucesión. Los miembros externos del Directorio pueden ayudar mucho en la evaluación y en la observación de las cualidades de estos jóvenes.

También es indispensable relevar a los miembros de la familia que no tengan un buen desempeño en los primeros años de carrera en la empresa y ayudarlos. Si vemos que "no dan la talla" y que, pese a todas las advertencias que han recibido y oportunidades que se les han ofrecido, no tienen un buen desempeño por falta de motivación o capacidad, es recomendable eximirlos del cargo. Cuanto más pronto, mejor para ellos y para la empresa, de manera que puedan volver a estudiar y reubicarse en el mundo laboral con facilidad. Dejarlos en la empresa por más tiempo, sabiendo que no contribuyen a ella y que terminarán siendo un lastre, es perjudicial para todos. Primero para ellos mismos, porque no serán felices trabajando allí y, después de quince o veinte años en la empresa, les será difícil abandonarla porque no conseguirán empleo afuera y seguramente tendrán una familia que mantener. También para la empresa es perjudicial retener a familiares que rinden por debajo del estándar requerido, porque dan un mal ejemplo a los no familiares, quienes tienden a desmotivarse al ver que los parientes gozan de privilegios especiales y son medidos con una vara diferente.

Para tener éxito en los puntos anteriores, hay que crear con tiempo un plan de evolución de las personas que en el futuro asumirán posiciones de gerencia. Es preciso que dicho plan contemple las posiciones directivas, quiénes van a ir ocupándolas, y cómo estas personas van a desarrollar sus carreras directivas. Esto es fundamental tanto para las transiciones gerenciales familiares como no familiares.

También es recomendable que el consejo familiar, que ha sido creado ya en la etapa anterior –o incluso antes–, se reúna con regularidad, porque surgirán naturalmente preguntas, divergencias y diferencias de opinión. Es fundamental que el consejo familiar esté preparado para analizar temas que tienen que ver con la relación entre la familia y la empresa.

De particular trascendencia en esta etapa es que el líder actual comience, si es que no lo ha hecho, a construir relaciones e intereses fuera de la empresa. Como decíamos en el Capítulo 3, es prioritario que el líder actual, que ya anticipa con tiempo su sucesión, vaya buscando otras actividades, pensando qué hará después del retiro, para que esté preparado cuando llegue el momento. Por eso se recomienda que desarrolle intereses externos, *hobbies*, deportes u otras actividades empresariales. Para que esto funcione, también es fundamental que el líder actual analice su plan patrimonial con mucha anticipación, o converse con su familia y vaya diseñando un esquema mediante el cual pueda, después del retiro, seguir disfrutando de una vida cómoda y con todos los beneficios que le corresponden y que merece después de tantos años de trabajo.

Traspaso del bastón de mando

Es la etapa final de esta secuencia. En ella, los padres o miembros de la generación mayor suelen tener más de 63 años y los hijos, entre 38 y 50 años, tal como se muestra en la Figura 5.1.

Ahora es prioritario que el líder actual establezca con tiempo un calendario para la transición y que lo pueda analizar con regularidad. También que desarrolle planes de contingencia, por si las circunstancias varían diametralmente y el sucesor cambia de opinión, o no está disponible en el momento de efectuar la sucesión. Es fundamental responsabilizar al Directorio de monitorear el progreso de la transición.

Alentar a la próxima generación, y especialmente al sucesor, a que desarrolle planes para revitalizar la empresa es otro tema crucial en esta etapa. Es necesario mantener "viva" la estrategia de la compañía, y revitalizarla cuando no esté acorde con el entorno y la competencia. También que la siguiente generación pueda llevar adelante su plan estratégico y hacer las modificaciones que estime necesarias. Introducir las innovaciones que se juzguen convenientes le permitirá volver a ser emprendedora, como lo fue durante la generación fundadora.

Más que nunca hace falta la actividad del consejo familiar. Si se trata de una empresa de propiedad de un dueño-gerente que pasaría a una sociedad de hermanos, es muy recomendable centrar el Consejo de Familia en las relaciones entre hermanos. Fortalecer sus vínculos les ayudará a conducir la compañía. Y si el Directorio o, a falta de él, el dueño-gerente, quiere escoger a uno de los hermanos para que sea el sucesor, es importante que los demás lo apoyen lo suficiente como para llevar adelante la empresa. De manera análoga, si la empresa se dispone a transitar de hermanos a primos, es crucial centrar la actividad del consejo familiar en las relaciones entre ellos.

Otro punto a considerar dentro de esta etapa es preparar a los principales gerentes no familiares para la transición. Es indispensable que ellos den su apoyo al sucesor y que estén listos para cuando asuma el mando. Deben estar adecuadamente mentalizados para ponerse a disposición del nuevo líder y colaborar al máximo con la transición, pues esta también es difícil para ellos y les puede causar algunos pequeños traumas.

De particular relevancia en esta etapa es instruir a la siguiente generación acerca de las responsabilidades de ser propietario de una empresa, tal como vimos en el Capítulo 4. Así como ser propietario incluye beneficios y derechos, también acarrea importantes obligaciones.

Finalmente, dentro de esta etapa es recomendable consolidar la propiedad, o al menos el derecho a voto de las acciones (derechos políticos), en quienes conduzcan y apoyen la continuidad de la empresa. Es probable que no todos los accionistas, ni todos los miembros de la siguiente generación, sientan el mismo cariño, la misma vocación o el mismo interés por la empresa familiar. Es importante que la propiedad esté más concentrada y consolidada en quienes sí abogan por la empresa, de manera que los planes, las decisiones más críticas en el futuro, puedan ser apoyados por quienes tienen más propiedad o control. Desde luego, tal como vimos en el Capítulo 3, la idea también es compensar a aquellos otros hijos o miembros de la siguiente generación que no tienen gran interés en la empresa, con otros bienes o activos de la familia, de manera de entregar bienes equivalentes a todos.

PARTE III

ADMINISTRACIÓN DE LA EMPRESA FAMILIAR

CAPÍTULO 6

ESTRATEGIA: ¿ES DIFERENTE PARA UNA EMPRESA FAMILIAR?

Hemos analizado en los primeros cinco capítulos las características y problemas típicos de las empresas familiares y la manera en que se recomienda enfrentarlos para preparar la sucesión. En este capítulo[14] y los siguientes tres abordaremos temas relativos a la administración, comenzando con el diseño y ejecución de la estrategia.

Aunque las distintas teorías sobre estrategia y dirección estratégica que existen en la administración de empresas modernas son igualmente aplicables para las familiares y las no familiares, en el primer caso el proceso de formularla e implementarla en la práctica suele verse afectado por consideraciones propias de la familia. Esto ocurre porque familia, propiedad y empresa son tres sistemas interconectados que se entrelazan e influyen mutuamente.

Veamos algunos ejemplos de casos con los que me ha tocado tratar en la práctica.

---

14. Basado en Harris, Dawn; Martínez, Jon, y Ward, John: "Is Strategy Different for the Family-Owned Business". En *Family Business Review*, VII (2), 1994, pp. 159-174.

- Una gran empresa familiar administrada por los hijos del fundador decidió comprar una pequeña compañía para ofrecer a su padre una actividad interesante que hiciera más fácil su retiro de la empresa que había fundado.
- Otra empresa familiar ha invertido en varias unidades de negocio independientes para que cada hijo maneje una, en lugar de concentrar todos los recursos en el negocio con mayor potencial.
- Una tercera empresa decidió cancelar sus planes de abrir una oficina en México cuando la esposa del fundador, y madre de los sucesores, objetó la perspectiva de demasiados viajes para los padres de sus nietos.

Estos tres ejemplos reales sugieren una importante influencia de factores familiares en la estrategia de la empresa. Cabe preguntarse, entonces, si la personalidad del fundador o líder de la empresa hace que ciertas estrategias sean más o menos probables; si la composición de la familia, en términos de cantidad de hijos activos en la empresa, puede definir la estrategia de diversificación; si la cultura de la familia y sus valores pueden afectar el tipo de estrategia elegido. La respuesta a todas estas preguntas parece ser afirmativa, pues varios estudios ofrecen evidencia al respecto.

Formulación de la estrategia

Vamos a descomponer la formulación de la estrategia de la empresa en cinco grandes temas: misión, sectores industriales donde operar, posición en el mercado, elección y cambio de estrategia, y expansión a otros países.

Misión de la empresa

Muchos procesos de planificación estratégica comienzan por definir lo que se denomina "misión" de la empresa. Las preguntas más usuales a responder son: ¿en qué negocio estamos hoy?, ¿en cuál o cuáles queremos estar en el futuro?, ¿a qué clientes queremos servir?, ¿en qué mercados geográficos?, ¿con qué productos?, etc. Si bien todo esto es aplicable con independencia del tipo de empresa que sea, hay ciertos temas especiales que las empresas familiares deben considerar al definir su misión. Por ejemplo, ¿tiene la empresa flexibilidad total o está limitada por la lealtad a productos inventados o mercados atendidos por las generaciones anteriores de la familia? Los estudios acerca de los paradigmas empresariales sugieren que la flexibilidad para cambiarlos es mayor en ciertas condiciones que pueden ser un problema para las empresas familiares.

- Es más probable que los nuevos paradigmas provengan de extraños, gente externa a la empresa. Sin embargo, las empresas familiares suelen preferir sucesores internos y enfatizar la lealtad organizacional.
- Los nuevos paradigmas normalmente provienen de aquellos que han tenido una gran variedad de experiencias personales, pero los típicos sucesores de las empresas familiares suelen tener poca experiencia en otras empresas o sectores.
- El establecimiento de nuevos paradigmas por parte de un líder requiere una gran fe y confianza en sí mismo, pero muchos herederos de los fundadores sufren de baja autoestima.

Sectores donde operar

Un determinante fundamental del potencial de rentabilidad de una empresa es la estructura y dinámica de la industria o sector donde compite, el cual se ve afectado por la existencia de cinco fuerzas que Michael Porter popularizó a principios de los años '80[15].

En primer término, aunque hay empresas familiares en todos los sectores de la economía, suelen participar con más frecuencia en aquellos rubros que son menos intensivos en capital y que, por tanto, tienen menores barreras de entrada, lo que lleva a que haya más competencia en ellos. Por otra parte, la afinidad al negocio que el fundador construyó suele crear altas barreras emocionales a la salida de ese negocio por parte del mismo fundador o de sus sucesores, lo que también conduce a una mayor rivalidad o intensidad competitiva en el sector y, por ende, a menor rentabilidad para la empresa familiar promedio.

En compensación, la lealtad de clientes y proveedores suele ofrecer una estructura más atractiva de la industria para las empresas familiares. Estas normalmente tienen menos rivalidad entre ellas dado que interactúan más en esferas sociales y empresariales, lo que les hace generar más confianza mutua. Esta menor rivalidad se traduce en mayor rentabilidad para la empresa familiar promedio.

Adicionalmente, si bien las empresas familiares suelen dejarse llevar por criterios económicos al ingresar a nuevos sectores industriales, en ocasiones esas decisiones no están exentas de cierto romanticismo y apego a las raíces y a valores familiares. Esto podría explicar el hecho de que una gran cantidad de familias empresarias en Chile y la Argentina hayan decidido ingresar a la industria del vino de exportación, instalando sus propias viñas y algunas, incluso, con sus apellidos como razón social o marca. De hecho, este fenómeno no es nuevo, ya que por generaciones el sector vitivinícola ha estado a nivel mundial en manos de empresas familiares.

---

15. Porter, Michael: *Estrategia competitiva. Técnicas para el análisis de los sectores industriales y de la competencia.* CECSA, México, 1980.

Posición en el mercado

A menudo es necesario evaluar hasta qué punto una empresa puede sostener su posición en el mercado y preguntarse si la actual estrategia es capaz de mejorar su desempeño a largo plazo. Algunos estudios indican que, si bien las empresas familiares son capaces de lograr una rentabilidad tanto o más alta que las no familiares, normalmente tienen tasas de crecimiento y participaciones de mercado menores que las no familiares. En otras palabras, suelen ser menos agresivas a la hora de conquistar mercados, pero esto no implica que sean ineficientes.

En relación con las fortalezas y debilidades de la empresa, algunas investigaciones sugieren que las empresas familiares están más preocupadas por la supervivencia, armonía familiar y oportunidades de empleo, que por la rentabilidad o posición en el mercado. No obstante, también poseen ventajas que las hacen atractivas, no solo para los clientes sino también para sus empleados. Hace poco un estudio concluyó que 5 de las 10 mejores compañías para trabajar en los Estados Unidos son familiares. En la Argentina, Brasil Chile y México, la realidad es muy similar, pues varias de las empresas mejor evaluadas por sus empleados son controladas por familias. Las estadísticas señalan que estas empresas pueden tener menores costos de reclutamiento, mayor lealtad de sus empleados, más productividad y más efectividad en negocios más intensivos en mano de obra.

Cambio en la estrategia

La experiencia indica que en aquellas empresas familiares que crecen a través de un largo período, distintas estrategias son puestas en marcha por nuevas generaciones de líderes. ¿Existen obstáculos para que las empresas de varias generaciones puedan crecer y prosperar? La respuesta es sí, y uno de ellos parece ser la dificultad para introducir el cambio de estrategia.

Varios autores han abordado este tema. Por ejemplo, John Ward[16] plantea que las tareas críticas para el desarrollo de la estrategia en una empresa familiar son las siguientes.

1. Reinterpretar al héroe emprendedor.
2. Asumir el hecho de que elegir bien la estrategia es clave para alcanzar el éxito.
3. Desafiar paradigmas estratégicos anteriores.
4. Relacionar la elección de la estrategia con la visión de futuro de la familia y la disponibilidad de recursos.
5. Promover el desarrollo estratégico como un proceso de cambio permanente.

Este modelo sugiere que algunas compañías pueden atribuir su éxito inicial al genio y carisma del fundador, pero en las etapas siguientes es necesario reajustar la estrategia y apoyarla en nuevos recursos, competencias y capacidades. La nueva visión estratégica que emerge necesita ser consistente con la personalidad y estructura de la familia. Por ejemplo, las de tipo clan prefieren estrategias que mantienen a todos los parientes cerca, mientras que las más disgregadas pueden ser más proclives a la expansión geográfica de los negocios y, por tanto, de la familia.

Expansión internacional

Los estudios indican que las empresas familiares son generalmente más rígidas en su proceso de internacionalización que las no familiares, dado que en ellas suelen existir más factores restrictivos. Entre ellos, la estrategia

---

16. Ward, John: "The Special Role of Strategic Planning for Family Businesses". En *Family Business Review*, I (2), 1988, pp. 105-117.

vigente, que suele estar estrechamente enfocada en las necesidades de los clientes locales; la carencia de capital para financiar la expansión internacional, sistemas de información y control poco desarrollados; la falta de un Directorio calificado que entienda y apoye a la Gerencia cuando la internacionalización es un imperativo estratégico, y el hecho de que la compañía esté muy integrada a la cultura y tradiciones regionales.

Al decidir a qué mercados internacionales ingresar, por lo general las empresas consideran temas tales como el potencial de ventas en esos países, los aranceles y otras restricciones al comercio, el riesgo-país, la distancia física o geográfica, que incide en los costos de transporte, y lo que se conoce como distancia psíquica o psicológica, es decir, diferencias entre países en términos de idioma, cultura, nivel de educación y desarrollo, legislación, prácticas de negocios, etc. Aunque no existe evidencia empírica concluyente, varios casos demuestran que si bien las empresas familiares consideran todos los factores anteriores, suelen favorecer aquellos mercados con menor distancia psíquica. Por ejemplo, cuando deciden invertir en el país de origen, como es el caso de la familia Luksic y su inversión en la industria cervecera y hotelera de Croacia.

En la estrategia de inversión en el exterior existen diversas opciones, tales como joint-ventures con socios locales o extranjeros, filiales de venta o subsidiarias de producción, etc. Los estudios indican que las empresas familiares tienden a preferir la propiedad total, o al menos el control de las operaciones en el extranjero, en lugar de compartirlas con otros socios. Solo cuando el entorno del país de destino es muy complejo o diferente, acceden a asociarse con aliados locales, con preferencia por otras empresas familiares como socios.

Finalmente, hay evidencia de que al controlar y coordinar filiales y operaciones en diversos países, las empresas multinacionales de propiedad de familias tienden a descansar más en estructuras, mecanismos y procedimientos especiales, tales como ejecutivos expatriados, canales informales de comunicación, socialización y cultura organizacional, etc., en lugar de otros más calculados y fríos, tales como estructuras centralizadas, sistemas de planificación y control por resultados, estandarización de procesos vía manuales, etcétera.

Implementación de la estrategia

La implementación o ejecución de la estrategia tiene que ver con las estructuras, sistemas y procesos que ayudan a una empresa a conseguir que la estrategia que se ha elaborado sea efectivamente puesta en práctica y funcione. Al implementar la estrategia de una empresa familiar, es preciso tener en cuenta las siguientes consideraciones e interrogantes.

- Hay ciertos rasgos, a menudo asociados con la propiedad en manos de una familia, que perjudican los esfuerzos de implementación y efectividad de la estrategia. Por ejemplo, las empresas familiares tienden a ser menos transparentes y algunas cosas se mantienen en secreto, lo que influye negativamente en los sistemas de información, compensación e incentivos.
- Las empresas familiares parecen poseer ventajas inherentes en algunos aspectos clave de la implementación. Por ejemplo, pueden ser más exitosas al aplicar estrategias que requieren una organización que reaccione rápido, dada la agilidad de los dueños-gerentes para tomar decisiones.
- ¿Es la cultura corporativa diferente en una empresa familiar? Los estudios indican que la cultura está en función de las circunstancias del entorno, la perso-

nalidad del líder y los requerimientos estratégicos. Es muy probable que en una empresa familiar la cultura corporativa esté más influida por la personalidad del líder que por los requerimientos estratégicos.

- ¿Es más fácil o más difícil para los sucesores familiares ganar respeto y poder en la empresa? ¿Cómo deberían hacerlo? Sin duda el proceso de asumir el mando es diferente cuando la organización se pregunta si el nuevo líder realmente merece el cargo por su capacidad o ha sido privilegiado por su parentesco.

- En estas empresas el Directorio puede marcar la diferencia y ser realmente efectivo para poner en marcha la estrategia. Es aún más decisivo si hay armonía y compromiso a largo plazo entre los accionistas. Como veremos en un capítulo posterior, un Directorio con miembros externos puede fortalecer la implementación de una estrategia de largo plazo orientada al cambio.

Conclusión

Este capítulo nos permite concluir que aunque los conceptos y teorías sobre estrategia existentes en la bibliografía sobre administración de empresas son igualmente aplicables tanto para las empresas familiares como para las no familiares, los procesos de formulación e implementación de la estrategia en las primeras suelen requerir ajustes al ser afectados por importantes consideraciones derivadas de la participación de la familia en la propiedad y gestión de la compañía. A todo esto hay que añadir las estrategias que deben elaborar las empresas familiares para enfrentar los grandes desafíos competitivos del siglo XXI.[17]

---

17. Amat, Joan; Martínez, Jon, y Roure, Juan: *Transformarse o desaparecer: Estrategias de la empresa familiar para competir en el siglo xxi*, Ediciones Deusto, Barcelona, 2008.

CAPÍTULO 7

GERENTES NO FAMILIARES: AGENTES DE CAMBIO Y PROFESIONALIZACIÓN

Es evidente que una empresa familiar no puede desarrollarse sin la presencia de empleados y ejecutivos ajenos a la familia propietaria. Aunque esta sea numerosa y bien preparada para los negocios, la expansión natural hace necesario contar con profesionales no familiares bien preparados que puedan ir ascendiendo a los cargos superiores.

A medida que la empresa familiar crece y se desarrolla, la incorporación de ejecutivos de alto nivel, provenientes de otras empresas –idealmente más grandes y profesionales–, puede reportar importantes beneficios. Estos ejecutivos se convierten en verdaderos agentes de cambio y profesionalización.

¿Qué aportan los gerentes no familiares?

Sin duda, los empleados no familiares y, particularmente, los gerentes, contribuyen de manera significativa al éxito de la empresa familiar. A continuación, analizaremos los principales aportes que hacen, según la opinión de los mismos dueños.

En primer término, aportan un trabajo calificado. Es decir, experiencia al mando de personas y responsabilidad por el cumplimiento de metas y resultados.

Por otra parte, los gerentes no familiares contribuyen con su *know how*, es decir, conocimientos especializados en determinadas materias. Así, pueden ser muy útiles en finanzas, marketing, operaciones, en fin, aportar todo un bagaje técnico de conocimientos específicos en las diferentes áreas en que se desempeñan.

Tercero, ofrecen una importante fuente de experiencia como fruto de los años que han trabajado en el mundo empresarial.

En cuarto lugar, aportan profesionalismo, es decir, utilizan una serie de procedimientos y procesos formales, y poseen una actitud profesional o disposición a ser rigurosos en el uso de metodologías.

También contribuyen con objetividad e independencia. Cuidan su propio prestigio, y ante discrepancias entre miembros de la familia, no toman partido por uno u otro "bando", sino por la empresa.

Muchas veces actúan como verdaderos "amortiguadores" de las relaciones familiares. A menudo, cuando hay conflictos entre padres e hijos, hermanos o primos, son los que suelen mediar entre ellos, reducir tensiones y hasta recibir y soportar agresiones. Aunque agotadora, esta función es fundamental para limar asperezas y destrabar conflictos en medio del temporal.

Además, los gerentes no familiares que llegan a posiciones superiores se convierten en un símbolo de que se puede hacer carrera en la empresa familiar. Esto ocurre especialmente en compañías bien administradas, donde todos los gerentes –sin distinción de apellidos– tienen la posibilidad de ascender y ser promovidos en la jerarquía de mando.

Finalmente, son importantes promotores del desarrollo de la siguiente generación. Tienen un gran papel que cumplir en esta materia: colaboran para que se capacite la generación de la familia que probablemente conducirá los destinos de la empresa en el futuro.

Compensación de los gerentes no familiares

Hay variadas formas de remunerar a los gerentes no familiares, entre ellas:

- sueldo,
- participación en utilidades,
- bonos,
- beneficios,
- programas de formación,
- acciones,
- distintas combinaciones de las anteriores, etc.

Una de las mejores maneras de remunerar a los gerentes no familiares es el sueldo, con un monto que esté en el promedio del mercado o por encima de él, si es que el gerente es verdaderamente valioso para la firma. Si lo queremos retener, si queremos que esté contento y feliz a largo plazo, si queremos decirle que verdaderamente apreciamos su trabajo, es necesario pagarle un buen sueldo. Ahora, obviamente que muchas veces esto altera la escala de remuneraciones completa de la compañía, porque es posible que el gerente de que hablamos sea muy importante, pero no sea –dentro de la escala de remuneraciones– el que está a la cabeza de la empresa. En ese caso, debemos efectuar ajustes por otro lado.

La participación en las utilidades es una forma satisfactoria y fácil de aplicar, pero limitada, de retribuir a los gerentes. En primer lugar, porque la obtención de utilidades no es el mejor modo de medir el desempeño de una persona.

Es posible que para ello haya debido sacrificar otras cosas, como el clima laboral, los beneficios futuros de la compañía al cosechar demasiado rápido o postergar gastos necesarios, etcétera.

Los bonos, en cambio, constituyen un modo más completo de premiar el buen desempeño y complementar el sueldo. Permiten aumentar las remuneraciones sin salirse de la escala de sueldos, lo que siempre es una preocupación importante en la empresa. La idea es que los bonos sean entregados a quienes hayan contribuido más al éxito de la compañía en una serie de aspectos que se quieren evaluar, no solo conseguir utilidades. Cuestiones tales como la conformación de un buen equipo, un buen ambiente o clima de trabajo, una mejora en los indicadores de largo plazo de la compañía, como por ejemplo inversión en investigación y desarrollo, introducción de nuevos productos, etc. Lo importante es que las evaluaciones que den lugar a la entrega de estos bonos sean transparentes, es decir, que en la empresa haya un sistema de evaluación del desempeño conocido por los gerentes y que se haya acordado con ellos el cumplimiento de una serie de metas y objetivos cuantitativos y cualitativos que verdaderamente incentiven la excelencia.

Otra forma de compensación son los beneficios que se dan –muchas veces para evadir impuestos–, como casa, auto, colegio para los hijos, acceso a un club de golf, etc. En Chile y otros países estas remuneraciones ya no constituyen gastos deducibles de impuestos. En otros casos, las empresas entregan estos beneficios como premio a la jerarquía que tiene cada gerente o ejecutivo y se transforman, a través del tiempo, en símbolos de estatus en el interior de la empresa. Sin embargo, estos beneficios pueden no ser adecuados porque suelen crear "derechos adquiridos" y serios problemas de acostumbramiento de los gerentes. Es mucho mejor remunerarlos conforme al mercado o sobre el mercado, con buenos honorarios o sueldos reales, en lugar de complementarlos con toda esta serie de beneficios. También se usan estos beneficios para compensar a quienes son trasladados a administrar oficinas de zonas alejadas del país. En este caso, también es mejor darles más sueldo y bonos por el tiempo que estén en esas zonas, y que sea un tema absolutamente conocido y transparente.

Los programas de formación o desarrollo de ejecutivos, cursos o seminarios suelen ser un excelente estímulo y remuneración. No solamente van en beneficio de la persona que los recibe, como un modo de ayudarla a mejorar y a adquirir conocimientos y habilidades, sino también en beneficio de la empresa que los entrega, porque le permite contar con gerentes más motivados y preparados para ir asumiendo mayores responsabilidades conforme van consiguiendo mayores conocimientos.

Finalmente está la compensación por medio de acciones de la compañía. Vender acciones a los gerentes no familiares o entregarlas como parte de su remuneración es una de los grandes dilemas en toda empresa familiar. Tarde o temprano se enfrentan a este tema.

Remuneración por medio de acciones

Es tal el dilema que se suscita al enfrentar el tema de entrega de acciones a los gerentes no familiares, que hemos decidido dedicar una sección aparte para tratarlo.

Remunerar a los gerentes no familiares con acciones tiene ventajas y desventajas. Entre las ventajas podemos encontrar, en primer lugar, la posibilidad de que los gerentes no familiares aumenten su renta.

En segundo término, recibir acciones hace que estas personas se sientan más integradas a la empresa y "dueños" de ella, así que se están esforzando por algo propio. Aunque sea un pequeño porcentaje, perciben que los resultados de la compañía están en directa relación con el patrimonio personal que poseen.

Por otra parte, recibir acciones –una situación inusual– los compromete más. Hace que se sientan mucho más vinculados, ligados y agradecidos a los dueños de la compañía.

En cuarto lugar, y en relación con lo anterior, es más difícil que las "grúas" que siempre operan en el mercado "levanten" a ejecutivos que han recibido acciones, con lo que la empresa familiar perdería un *know how* muy valioso.

Sin embargo, frente a toda esta lista de ventajas, existe un buen número de desventajas que hacen dudar a los empresarios familiares al momento de analizar la entrega de acciones a sus ejecutivos no familiares.

Primero, la entrega de acciones sienta un precedente peligroso, abre una llave que luego es muy difícil de cerrar porque normalmente se entregan acciones a aquellos ejecutivos más destacados o a quienes han estado un largo tiempo con la familia y han sido muy hábiles y leales. El problema frecuente es que la entrega o venta de esas acciones suele provocar que al día siguiente otros ejecutivos –que también han contribuido al éxito de la empresa– toquen la puerta de los dueños y les comuniquen que ellos también estarían muy dispuestos a comprar acciones. Por lo tanto, es un tema complicado si no se asume responsablemente, es decir, hay que contar con que muchos otros van a querer ser pequeños accionistas.

La segunda desventaja es que diluye la propiedad familiar, algo que es preferible evitar, a menos que sea estrictamente necesario. Probablemente en el futuro, por razones de financiamiento de la compañía, al agregar nuevos negocios o abrirse a la Bolsa, o por cualquier otra razón, será necesario diluir la propiedad familiar y, si ya la tenemos diluida en un porcentaje, habrá menos espacio para volver a hacerlo.

El tercer inconveniente se produce cuando uno entrega un porcentaje, aunque sea pequeño, de la propiedad de la empresa a uno o más ejecutivos ajenos a la familia, entrega también, sin saberlo, una parte del control en caso de conflicto entre las ramas de la compañía. Imaginemos una situación en que haya dos ramas en la familia propietaria, cada una de las cuales posee el 50% de la empresa, ya sean dos hermanos o dos primos, etc. Si ellos deciden premiar a uno o dos de sus ejecutivos con, por ejemplo, un 2% de las acciones con derecho a voto, de manera que cada rama se quede con un 49% de la propiedad, sin saberlo, habrán generado un problema serio, porque en caso de una disputa por cualquier proyecto de la compañía, basta con que una de las ramas se alíe con estos ejecutivos para que supere a la otra y domine la situación.

El cuarto perjuicio es cuando no se toman los resguardos adecuados, si las acciones tienen derecho a voto podrían perfectamente pasar a manos de herederos indeseables de los accionistas. Así ocurrió, por ejemplo, con un ejecutivo de una empresa familiar que recibió acciones, se separó de su esposa y se volvió a casar. Con la segunda esposa tuvo un hijo que se convirtió en potencial futuro accionista. La familia intentó rescatar estas acciones, pero le fue imposible.

Si la empresa ya tiene diluida su propiedad, es decir, si ya existen otros accionistas fuera de la familia, socios u otras personas, o si la firma ya está en la Bolsa, las desventajas mencionadas ya no son tales o no son tan perjudiciales.

La pregunta que resulta obvia a estas alturas es: ¿qué hacer entonces? Está claro que entregar acciones a los ejecutivos no familiares no parece ser una buena idea. Existen otras formas mejores de remuneración, tales como sueldos superiores a los del mercado, acordes con su desempeño y hasta participación en utilidades, a pesar de las limitaciones que hemos comentado. Otros instrumentos son los premios al final de la carrera o, por último, las *phantom stocks*.

Los premios al final de la carrera han sido instaurados por multinacionales que quieren retener a sus principales ejecutivos hasta que se jubilen. Cada año en que el ejecutivo tiene un buen desempeño y se mantiene en la compañía, acumula un premio que no le es entregado en el momento, sino al final de su carrera en la empresa. Estos premios, que son completamente independientes de su sueldo, aumentan conforme el ejecutivo sube en la jerarquía de la organización. Así, cuando se jubila, recibe una cantidad importante de dinero que compensa no solo su desempeño, sino también su lealtad. Si se retira para trabajar en otra empresa, pierde todo derecho a este premio.

Las *phantom stocks* son "acciones fantasma" que valen lo que vale la compañía en el momento en que son entregadas. Si unos años más tarde el ejecutivo desea venderlas, su precio estará en función de lo que vale en ese instante la empresa en el mercado. Por tanto, están muy influidas por los resultados o la gestión que los propios ejecutivos han ejercido. Es una forma novedosa de hacerlos partícipes y sentirse en alguna medida empresarios, aun cuando no tengan acciones reales.

En general, en caso de entregar acciones a los no familiares sugiero que sea solo a personas que han dedicado una parte importante de su vida a la empresa y han contribuido significativamente a su éxito, y hacer saber a los demás que ha sido una excepción, es decir, algo que no se repetirá.

Otra solución es dar acciones como un sistema de compensación para altos cargos. En algunas empresas –normalmente multinacionales– hay un porcentaje de las acciones –alrededor de un 10%– que se destina a estos efectos. Este sistema de compensación premia según la jerarquía, es decir, el gerente general recibe más que los gerentes de segunda línea y así sucesivamente. Estas acciones suelen no tener el mismo derecho para decidir los asuntos clave de la compañía. Por último, deberían darse con un pacto de retroventa a la empresa, para que otros ejecutivos que ocupen los mismos cargos en el futuro puedan tenerlas, de manera que siempre constituyan un porcentaje fijo de la propiedad.

El pacto de retroventa de los ejecutivos no familiares, o retrocompra por parte de la empresa, es una sugerencia muy importante. Es decir, si vamos a dar acciones, siempre debemos velar por recuperarlas cuando el ejecutivo se retire o jubile, se vaya a otra compañía o fallezca, es decir, cuando ya no continúe en nuestra nómina. El precio a pagar debería fijarse de acuerdo con lo que vale la empresa en ese momento. Lo más fácil es estipular una fórmula[18] cuando se entregan las acciones y se pacta la retrocompra, de manera de pagar un justo precio al ejecutivo que se retira o a sus herederos, y premiarlo por su aporte a la creación de valor.

Por último, otra forma de dar acciones es emitir una serie distinta de las acciones con derecho a voz y voto; estas pueden tener preferencia a la hora de recibir dividendos, pero no tienen derecho a voto y, por tanto, tampoco al control de la compañía.

Consejos prácticos para trabajar con ellos

A continuación se presenta una lista de sugerencias para establecer una buena relación con los ejecutivos no familiares en una empresa familiar.

- Seleccione a los mejores, considerando el sector en que compite y el tamaño de la empresa. Es decir, guíese

---

18. Esta fórmula normalmente se fija en múltiplos de EBITDA (utilidad operacional más depreciaciones y amortizaciones) o en una combinación del flujo operacional con las ventas.

por los méritos de los candidatos y los planes de la firma. Si esta ha de profesionalizarse y prepararse para ser competitiva en un medio cada vez más complejo, no se contente con gente de segunda categoría o mediocre, que no será suficiente cuando juegue en ligas mayores.

- Remunere muy bien, pero sea cuidadoso en la entrega o venta de acciones. Como hemos visto, es muy importante establecer una política de remuneraciones para los ejecutivos, familiares y no familiares, que esté en línea con el mercado. Es entendible que las compañías pequeñas no puedan pagar por encima del mercado, pero al menos que estén cerca de él y que se pongan como meta aumentar las remuneraciones para poder premiar a su mejor gente.

- Comprometa a los gerentes en las decisiones más importantes de la empresa. Esta es otra forma de premiar y compensar su desempeño.

- Elógielos, no solo con una palmadita en la espalda cuando lo merecen. Reconozca su buen desempeño privadamente, y también delante de los demás cuando corresponda. Destaque sus méritos en el momento, cada vez que los hagan, y no una vez al año o cada cinco años.

- Apoye a los no familiares siempre que compruebe que se la han jugado por la empresa, que se han esforzado a fondo por defenderla.

- No delegue en los gerentes no familiares los problemas de la familia. Déjelos fuera de los conflictos y disputas privados.

- Escúchelos y trate de comprenderlos. Tenga empatía hacia ellos. Entienda que ser gerente no familiar en una empresa familiar acarrea problemas, que hay que tratar de mitigar todo lo posible.

• Por último, si usted desea que los gerentes familiares se desarrollen y asciendan en la jerarquía de la empresa hasta llegar a conducirla en el futuro, comunique este deseo claramente a los gerentes no familiares. Hágales saber su interés de que los familiares lideren algún día la compañía y consiga que los no familiares se comprometan en el desarrollo de los talentos de la familia. Es muy importante hablar claro y pedirles su cooperación y colaboración.

CAPÍTULO 8

CRECIMIENTO VS. RESTRICCIONES
DE CAPITAL EN LA EMPRESA FAMILIAR

La inmensa mayoría de las empresas familiares nacen como negocios pequeños y uno de los grandes desafíos que enfrentan es el financiamiento. A medida que el negocio madura, la familia espera que el crecimiento de la empresa proporcione soluciones para muchos de los problemas financieros que enfrenta, pero pronto descubre que el éxito y el crecimiento generan nuevos y más complicados dilemas financieros a resolver[19].

Se necesita dinero para financiar el crecimiento, encarar los desafíos competitivos, proporcionar seguridad personal, remunerar la propiedad, subvencionar las necesidades de una familia cada vez más grande, desarrollar la organización empresarial, pagar impuestos de herencia, etc. No hay que asombrarse de que muchas empresas familiares opten por seguir siendo pequeñas. Pero grandes o pequeñas, especialmente cuando llega el momento de la transición entre generaciones, enfrentan cruciales decisiones.

---

19. Este capítulo se basa en De Visscher, François; Aronoff, Craig, y Ward, John: *Financing Transitions: Managing Capital and Liquidity in the Family Business.* Family Business Leadership Series, Marietta, Georgia, 1995.

Una de sus ventajas competitivas clave es el "capital paciente", el patrimonio aportado por los fundadores o los sucesores, quienes están dispuestos a equilibrar el actual retorno sobre sus inversiones con los méritos de una estrategia de largo plazo bien diseñada y con la continuidad de la tradición y el legado de la familia. Tales inversionistas suponen que vale la pena renunciar a un máximo de utilidades de corto plazo en beneficio del logro de un sólido crecimiento de largo plazo. Su actitud da al negocio una tremenda ventaja para desarrollar participación de mercado y competir eficazmente con un costo de capital relativamente más bajo que las compañías que tienen una gran cantidad de accionistas.

En realidad, pocas compañías no familiares pueden equiparar el potencial de la empresa familiar en relación con la cohesión y compromiso de los inversionistas. Una base de accionistas familiares estrechamente unida y trabajadora está ligada no solo por lazos afectivos, sino también por valores compartidos, metas comunes y una disposición a trabajar duro todos juntos para lograrlas.

Transiciones en la empresa familiar

Ya hemos comentado en el primer capítulo que las empresas familiares tienen una alta tasa de desaparición. En una investigación realizada en 1987 en el área de Chicago, John Ward descubrió que de 200 empresas que existían en 1924, solo el 20% sobrevivía como empresa independiente 60 años después, y nada más que el 13% seguía siendo propiedad de la misma familia[20]. Incluso entre aquellas familias en que se mantuvo la propiedad, solo el 3% tuvo un crecimiento significativo. El resto no crecieron, o se redujeron.

---

20. Ward, John: *Op. cit.*

Muchas mueren porque problemas de capital o liquidez les impiden sobrevivir a transiciones generacionales, estratégicas o de propiedad. La empresa puede carecer de capital para crecer o competir, o para enfrentar las exigencias de liquidez o del ingreso de una nueva generación de accionistas. En las primeras generaciones, la muerte de un accionista clave puede originar una gran necesidad de financiamiento para afrontar el impuesto de herencia. O el negocio puede estar necesitado de caja para una acción estratégica crítica –como la compra de un competidor– justo en el momento en que se produce un aumento en las exigencias de dividendos por parte de los accionistas. Para las empresas familiares de generaciones posteriores, puede ser que el negocio no ofrezca el retorno necesario o que no inspire la cohesión y el compromiso requeridos para mantener intacto el capital paciente.

Estos problemas no se desarrollan de la noche a la mañana. A menudo bullen durante años sin que se noten, antes de explotar en crisis para los accionistas controladores. Súbitamente, el capital paciente puede convertirse en capital exigente y, de pronto, la empresa familiar se encuentra en situación de riesgo.

Es posible planificar e incluso evitar completamente muchas de estas crisis, que suelen surgir durante alguno de los tres tipos de transición que se desarrollan a continuación.

Transiciones generacionales

Es común que muchos fundadores de empresas familiares o miembros de la generación mayor de la familia se hagan más conservadores a medida que envejecen. La razón es simple: les quedan menos años para corregir los errores y, por lo tanto, su propia seguridad personal en el retiro se va convirtiendo en una preocupación financiera mayor. Por eso, es posible que intenten con mayor fuerza controlar el curso del negocio, imponiendo su autoridad en los detalles y evitando el riesgo.

Esta evolución natural de las metas y actitudes de los miembros mayores de la familia puede chocar con la tendencia opuesta. Los ejecutivos más jóvenes pueden pensar que la empresa no está cambiando con suficiente rapidez para mantenerse al ritmo del mundo que la rodea. Es típico que los sucesores que están en la década de los treinta años y sufren la influencia de haber crecido en un ambiente de relativa holgura y abundancia, estén más dispuestos a asumir riesgos y a hacer crecer el negocio. Ellos quieren controlar la estrategia de la empresa, y con frecuencia adhieren a la teoría del "mejoramiento continuo" propugnada por las escuelas de negocios, que se opone directamente a la tesis de sus mayores: "si no está roto, no lo arregle". Los sucesores pueden estar ansiosos de invertir en nuevas estrategias o mercados, expandiendo su base de operaciones para adecuarla a la energía y sentido de las oportunidades que perciben. También con frecuencia desean mejorar su estándar de vida en comparación con el patrón más frugal de los miembros de la generación anterior.

Si bien el dilema entre el crecimiento y una actitud más conservadora no es ajeno al proceso de planificación estratégica de la mayor parte de las empresas, plantea una dificultad especial en el entorno de una empresa familiar, donde los dueños deben conciliar exigencias contrapuestas respecto del mismo patrimonio. La generación de los sucesores quiere arriesgar el capital de la empresa en ambiciosas estrategias de largo plazo. La generación mayor espera conservar dinero para tener seguridad. Los dos lados tienen dificultades para proponerse metas comunes debido a que sus prioridades principales –el crecimiento del negocio versus la seguridad personal– están naturalmente en conflicto. En los negocios familiares más maduros, con varias generaciones a cuestas, puede surgir un enfrentamiento entre accionistas que pretenden retornos de largo plazo y los que desean ingresos inmediatos.

La familia puede verse en la necesidad de reunir capital adicional para reducir la dependencia de la generación más joven sobre la generación mayor mediante la compra del control o, incluso, a través del suministro de oportunidades de liquidez para ciertos accionistas. Esa es la forma en que la transición de una generación a la siguiente se convierte en un asunto financiero. Sin capital adicional, estos conflictos intergeneracionales normales pueden hacer erupción y provocar crisis que son capaces de atrofiar o poner fin al control familiar sobre la empresa.

Transiciones estratégicas

Cada nueva generación debe revitalizar la estrategia de la empresa familiar. Hoy en día, una renovación estratégica cada 25 años puede incluso no ser lo suficientemente frecuente. Un cambio empresarial cada vez más acelerado, una competencia internacional más intensa y el acortamiento de los ciclos de vida de los productos están forzando a las empresas exitosas de muchos sectores industriales a adoptar una forma de renovación estratégica casi constante. La gestión altamente profesional se vuelve la norma.

La reinversión continua en la empresa se convierte en una necesidad para mantener la competitividad en el mercado y, en último término, el valor para el accionista. La empresa familiar del futuro debe ser capaz de desplegar el capital necesario para hacer adquisiciones oportunas, expandirse a nuevos mercados, contratar nuevo personal, desarrollar nuevos productos o comprar nuevos equipos. Sus accionistas deben estar lo suficientemente unidos, motivados y comprometidos como para asumir riesgos y desarrollar la empresa para el futuro.

Sin este tipo de compromiso y flexibilidad de los accionistas, muchas familias dueñas de empresas no podrán revitalizar la estrategia, lo que permitirá que se les escapen las oportunidades y, en último término, disminuya el valor para el accionista o incluso el control familiar.

Transiciones de la propiedad

Esta clase de transición crea en estas empresas los tipos de crisis de liquidez más habituales. He aquí algunos ejemplos: un accionista que tiene el control muere y las obligaciones derivadas del pago del impuesto a la herencia obligan a vender el negocio. Uno de los dos socios de la empresa muere y el otro debe comprar las acciones al cónyuge sobreviviente. Un empleado clave que posee acciones se retira y las acciones deben ser rescatadas. En las empresas multigeneracionales, los accionistas más jóvenes pueden perder su unidad y sentido de compromiso hacia el negocio y exigir un retorno más alto sobre su capital.

Las transiciones de la propiedad crean demandas externas e internas de liquidez: obligaciones externas de impuestos sobre la herencia y exigencias internas de liquidez para los accionistas. Las transiciones de propiedad dispersan el capital entre una base de accionistas mucho más grande, lo que diluye el control en la base de accionistas. Esto, a su vez, puede reducir el compromiso y la unión de la familia y crear la exigencia de un retorno más alto por su patrimonio.

La Figura 8.1 describe el impacto de las transiciones en la empresa familiar. Los tres tipos de transiciones que hemos comentado tienden a distanciar las necesidades de liquidez de los accionistas con las necesidades de capital de la empresa. Cuanto más se separan estas necesidades, mayor probabilidad hay de que la familia pierda en el tiempo el control de la empresa.

Fuerzas familiares /
Restricciones personales

CONTROL
FAMILIAR

Tareas empresariales /
Restricciones mercado
de capitales

LIQUIDEZ
ACCIONISTAS

NECESIDADES
DE CAPITAL

TRANSICIONES

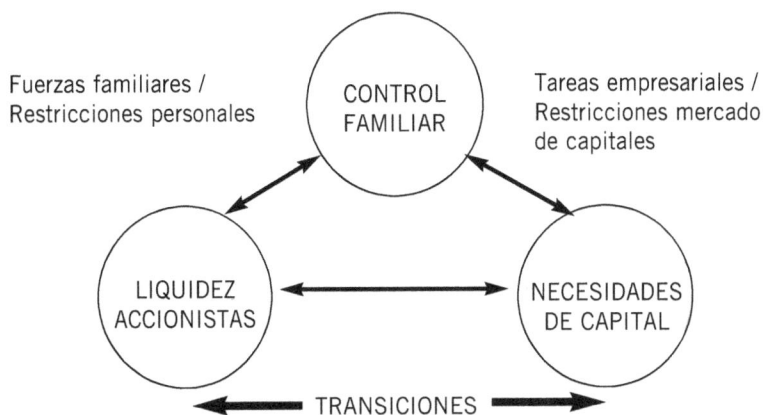

Fuente: adaptado de De Visscher, François; Aronoff, Craig, y Ward, John: *Financing Transitions: Managing Capital and Liquidity in the Family Business.* Family Business Leadership Series, Marietta, Georgia, 1995.

Figura 8.1. El impacto de las transiciones en la empresa familiar

Por otra parte, como se muestra en la Tabla 1, la naturaleza de la propiedad familiar y las expectativas de los accionistas miembros de la familia suelen variar de generación en generación. Al igual que los cambios graduales de siglos de duración en la corteza terrestre que terminan creando volcanes, estos cambios evolutivos deben ser enfrentados para que no hagan erupción en una crisis de liquidez que destruya la empresa.

Demos una mirada más de cerca a estos cambios de una generación a otra.

Etapa del dueño-gerente: propiedad concentrada

La empresa familiar en la época de su fundación nos provee de un telón de fondo sobre el cual pueden ser vistas las ventajas y desventajas de las generaciones posteriores. En esta etapa emprendedora, el control familiar está en su momento más firme, más intenso y más vigoroso, y demandan relativamente poco del negocio. Es típico que la propiedad esté

103

concentrada en manos de uno o dos accionistas que se han comprometido con metas acordadas previamente. Sus necesidades de liquidez son satisfechas por la remuneración, beneficios y privilegios de dueños. Las decisiones financieras son guiadas por la planificación impositiva y la asignación de los flujos de caja. Las necesidades de capital para los negocios son satisfechas mediante el flujo de caja, que es reinvertido en la empresa. La principal fuente de conflictos entre los accionistas, si es que hay alguna, es la forma en que se utilizará ese flujo de caja. Generalmente, esta es una etapa de relativa unión en vista de los desafíos planteados por el desarrollo de la empresa.

Tabla 8.1

Evolución de las necesidades de control y liquidez en la empresa

Generación	1ª generación dueño-gerente	2ª generación sociedad de hermanos	3ª generación consorcio de primos
Estructura de la propiedad	Propiedad concentrada en fundador (es)	Surgimiento de accionistas inactivos	Aparición de accionistas minoritarios: transición de propiedad a control
Fuentes de liquidez	Remuneración del propietario	Dividendos limitados	Dividendos y capital externo
Fuentes de capital	Principalmente flujo de caja de la empresa	Flujo de caja de la empresa y algún financiamiento externo con deuda o patrimonio	Necesidades de capital de la empresa exceden los medios de la familia, lo que requiere búsqueda de capital externo
Causas de conflicto financiero	Asignación del flujo de caja entre uso personal y empresarial	Dividendos a todos los accionistas vs. sueldo y beneficios a los activos	Tensión entre metas de crecimiento de la empresa y deseo de los accionistas de mayores dividendos. Diferencias respecto del retorno sobre el patrimonio

Fuente: adaptado de De Visscher, François, et al.: *Op. cit.*

Etapa de la sociedad de hermanos: nacimiento del accionista inactivo

Las metas y expectativas de los accionistas de la empresa familiar suelen empezar a tomar direcciones divergentes ya en la segunda generación, y se enfría el efecto vigorizante de la propiedad familiar unida. A medida que el capital pasa a los herederos, puede que algunos no tomen parte activa en el negocio, sea o no por elección propia.

Si los accionistas inactivos son descuidados, no son informados respecto de la empresa o son excluidos, poco apreciados o explotados, su situación inactiva crea el potencial para dos tipos de conflicto de capital y liquidez. En primer lugar, pueden desarrollar resentimiento hacia quienes están trabajando en la empresa y recibiendo un sueldo, privilegios, reconocimiento y demás. Es fácil que empiecen a sospechar que los accionistas activos están explotando el negocio al sacar demasiado dinero para sus propias remuneraciones o sus proyectos favoritos.

Segundo, si los accionistas inactivos sienten que los dividendos son la única compensación de la propiedad, pueden empezar a centrarse en ingresos a corto plazo a costa del crecimiento de largo plazo de la empresa. Se puede establecer un patrón de accionistas inactivos que presionan a favor de aumentos de los dividendos y mayor liquidez para los accionistas, sin que les importe el impacto sobre la empresa. Esta es la semilla de un conflicto clásico que ha destruido muchos negocios.

Etapa del consorcio de primos: solución para diversos intereses familiares

Los conflictos entre accionistas activos y los inactivos pueden ocupar el centro del escenario si los distintos grupos de accionistas son sinceros en la expresión de sus deseos y opiniones. A menos que se hayan tomado las medidas necesarias para fortalecer el compromiso con la empresa y la propiedad familiar, las metas financieras de los accionistas se hacen aún más divergentes en esta etapa. Los grupos de accionistas son más numerosos y más diversos, y pueden estar más conscientes de su poder. Las ramas de la familia pueden estar en desacuerdo sobre una cantidad de temas, y no es el menor de ellos el que se refiere a la forma de utilizar la caja y aprovechar el poder económico de la firma. Estos conflictos se hacen aún más difíciles por el hecho de que, en la mayor parte de los casos, en esta etapa los medios financieros de la familia resultan insuficientes. Para que la empresa crezca y prospere, se debe reunir capital adicional extrafamiliar.

Esto puede implicar que la familia renuncie al control total del negocio con el fin de seguir manejando el negocio. Tal cosa no significa necesariamente una salida a la Bolsa, sino buscar socios que aporten capital patrimonial o crear capital a través de medios estratégicos como alianzas, joint-ventures o venta de activos.

Además, en esta etapa, el papel de la familia en el negocio suele experimentar una significativa evolución. La necesidad de gestión profesional puede reducir la participación de la familia en la gestión del día a día. La entrega de autoridad a la dirección externa cambia rotundamente el papel de la familia en la estructura de autoridad.

El advenimiento de una nueva estructura gerencial con sus respectivos poderes también es capaz de aumentar los conflictos entre los accionistas activos y los inactivos. Estos últimos pueden concentrarse aún más intensamente en los retornos de corto plazo, lo que pone en peligro las estrategias de largo plazo practicadas por los accionistas activos y la Dirección. Todos estos factores pueden llevar a la familia a renunciar a una participación patrimonial en la compañía y empezar a centrarse más en proporcionar a todos los dueños, familia activa y la inactiva, e incluso accionistas patrimoniales externos, un retorno justo sobre el capital.

CAPÍTULO 9

EL MANEJO DE LA LIQUIDEZ EN LA EMPRESA FAMILIAR

Con el correr del tiempo, la mayor parte de las empresas familiares elabora algún tipo de planificación estratégica para cubrir sus necesidades de capital, pero son muy pocas las que incorporan en dicha planificación la necesidad de satisfacer las exigencias de dinero líquido de sus accionistas[21].

Hay muchos ejemplos de empresas familiares que se han endeudado imprudentemente para comprar los derechos de un accionista, en lugar de preparar a los accionistas para aceptar soluciones más graduales y realistas a los problemas de liquidez. También hay un sinnúmero de ejemplos de empresas familiares que no han sabido poner límites razonables a las exigencias de liquidez de sus accionistas o no han previsto la crisis de liquidez que se produce a la muerte de un accionista con motivo de las exigencias propias de los impuestos sobre la herencia.

---

21. Este capítulo recoge varias ideas contenidas en De Visscher, François, et al.: *Op. cit.*

Los problemas mencionados podrían haber sido suavizados o evitados con una planificación cuidadosa. Así surge la necesidad natural de pensar acerca de la liquidez y el capital y la relación de conflicto que usualmente existe entre ambos. Tal como veíamos en el capítulo anterior, por una parte, la empresa necesita capital para crecer y, por otra, los accionistas requieren el mismo dinero para satisfacer sus metas personales.

El conflicto se agudiza por el hecho de que el capital externo es usualmente más caro para una pyme que para las compañías grandes que operan en Bolsa. Algunos dueños de empresas familiares encaran este desafío mediante planes conservadores de crecimiento que requieren menos financiamiento externo. Si bien funciona durante algún tiempo, en el largo plazo existe el riesgo de debilitar el negocio o hacerlo incapaz de sostener a sus miembros.

Entre estas fuerzas en conflicto, es crucial para el dueño de la empresa mantener el control sobre el proceso de toma de decisiones, de manera que todas estas complejidades sean ponderadas y sea posible considerar varias opciones. Para lograrlo, se debe considerar un delicado equilibrio entre las necesidades de capital de la empresa y las necesidades de liquidez de la familia. En la Figura 9.1 se puede ver que para mantener el control familiar en lo alto del triángulo, se debe lograr en la base un equilibrio entre la liquidez para el accionista y las necesidades de capital de la empresa.

Cualquier decisión sobre venta de acciones o exigencia de una rentabilidad alta que tome un accionista afecta a las otras dos puntas del triángulo. En contraposición, cualquier decisión que tome una compañía que opera en Bolsa respecto a reinvertir el capital en el negocio, habitualmente tiene poco impacto directo sobre la liquidez de los accionistas.

Existen algunas señales claras que indican que las necesidades de liquidez de los accionistas podrían alejarse de las

Equilibrar tres necesidades en un sistema de empresa familiar

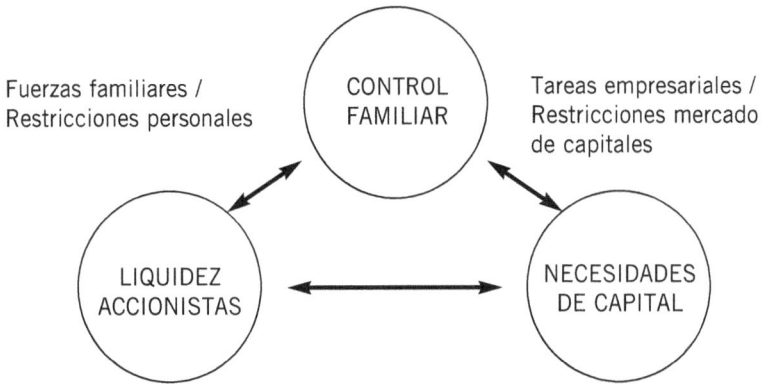

Fuerzas familiares /
Restricciones personales

CONTROL
FAMILIAR

Tareas empresariales /
Restricciones mercado
de capitales

LIQUIDEZ
ACCIONISTAS

NECESIDADES
DE CAPITAL

Figura 9.1. Triángulo de la empresa familiar

Fuente: adaptado de De Visscher, François; Aronoff, Craig, y Ward, John: *Op. cit.*

necesidades de capital de la empresa. Por ejemplo, si varios miembros de la familia deben enfrentar los costos de los estudios universitarios de sus hijos, es probable que aumente la demanda por liquidez. Asimismo, es más probable que aquellos accionistas que carecen de otras fuentes de ingresos sean quienes más exijan dinero de la empresa. Por otra parte, es lógico pensar que aquellos que carecen de una adhesión emocional a la familia presionen a la empresa para que les entregue dinero. En la Tabla 9.1 se visualizan los factores que tienden a aumentar las demandas de liquidez.

Los factores mencionados en la Tabla 9.1 pueden desencadenar una *espiral descendente de liquidez* que se autoperpetúa y acelera si no se le pone freno. La Figura 9.2 ilustra este problema.

Los programas de liquidez y de educación para los accionistas pueden impedir que sus exigencias crezcan fuera de todo control; sin embargo, en ausencia de medidas preventivas, es probable que los accionistas exijan un mayor retorno corriente. En resumen, los accionistas descuentan las necesidades de capital de la empresa porque no visualizan beneficios para sí mismos.

109

Tabla 9.1
Factores que tienden a aumentar las demandas de liquidez de los accionistas de la empresa familiar

Factores ocasionales
- Muerte de un accionista
- Divorcio de un accionista
- Quiebra financiera personal
- Iniciativas de negocios
- Otras crisis financieras personales

Factores familiares
- Debilitamiento de la unión y el compromiso familiar
- Reconocimiento limitado del éxito en los negocios por parte de los socios inactivos
- Conflictos entre accionistas activos e inactivos
- Fuerte dependencia de los accionistas respecto de los ingresos provenientes de la empresa
- Pesadas responsabilidades familiares entre los accionistas
- Concentración de los accionistas en los mismos grupos de edades

Factores financieros
- Descontento de los accionistas con respecto a los retornos corrientes
- Falta de acceso de los accionistas a la revalorización
- Falta de atractivo del retorno total sobre el patrimonio
- Necesidad de los accionistas de diversificar su inversión
- Oportunidades para que los accionistas multipliquen su riqueza invirtiendo en otra parte

Fuente: ídem.

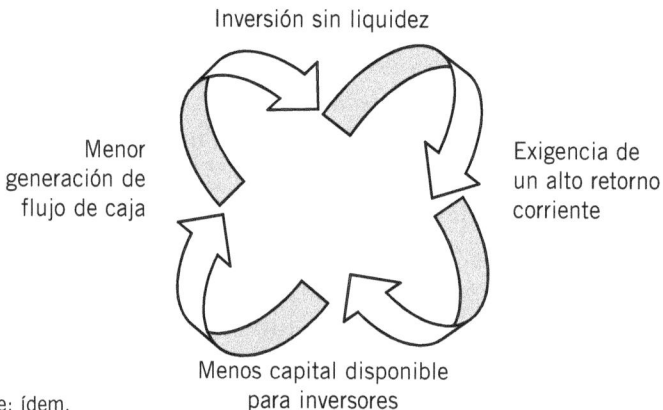

Fuente: ídem.

Figura 9.2. La espiral descendente de liquidez

Lo anterior se agrava en el caso de una empresa familiar con capital limitado, y puede dar paso a una mortal espiral de iliquidez que consuma capital quitándoselo a la empresa, lo que a su vez hace que el negocio genere menor flujo de caja y, por ende, que los activos de los accionistas tengan aún menos liquidez. Esta situación claramente podría poner en peligro el control familiar de la compañía.

Algunas empresas familiares han utilizado con gran éxito ciertas medidas que les han ayudado a prever las necesidades de liquidez de sus miembros. Dichas medidas se orientan básicamente a mantener a la Dirección informada respecto de las potenciales necesidades de los accionistas y se sustentan en una planificación adecuada para responder con eficiencia a las demandas de liquidez. En la Tabla 9.2 se presentan algunas sugerencias de planificación para las necesidades de liquidez.

Tabla 9.2
Sugerencias respecto de la planificación para las
necesidades de liquidez

1. Llevar a cabo reuniones familiares regulares.
2. Realizar ocasionalmente reuniones de información para explicar acontecimientos empresariales significativos y medir la respuesta de los accionistas.
3. Informar sobre el estado financiero, estilo de vida y salud de los miembros de la familia.
4. Mantener un organigrama o árbol genealógico familiar que lo pueda alertar sobre las diversas etapas de vida de los accionistas.
5. En las familias más grandes, con el fin de facilitar la comunicación, organizar a los miembros en grupos generacionales o ramas con jefes reconocidos en cada uno de ellos.
6. Mantener una historia comparativa del retorno sobre el patrimonio de la empresa.
7. Hacer una evaluación periódica de la empresa para mantenerse bien informado de las potenciales obligaciones impositivas derivadas de la herencia.
8. Incorporar las probables necesidades de liquidez a la planificación estratégica de la empresa.
9. Mantener una lista de contactos de asesoría y opciones para responder a necesidades de liquidez imprevistas o de emergencia.

Fuente: Ídem.

Determinación del costo de capital en la empresa familiar

El conflicto entre la demanda por capital para hacer crecer a la empresa y la demanda por liquidez de los accionistas obliga a quienes dirigen la empresa familiar a entender los componentes que hay detrás de la determinación del costo de capital para tomar decisiones financieras acertadas.

Muchos dueños de empresas familiares asumen que el costo de capital viene dado por la tasa a la cual ellos pueden ahorrar dinero, pero ciertamente es mucho más que eso. El otro componente es la tasa de retorno requerida para satisfacer las expectativas de los accionistas de la familia. Este componente se resume en una fórmula que muestra la existencia de tres factores que inciden en las expectativas de retorno de los accionistas de la familia:

1. riesgo percibido por las inversiones de la empresa familiar;
2. liquidez, y
3. efecto familiar, es decir, la percepción sobre el valor del patrimonio y del control por parte de los accionistas.

Combinando estos factores obtenemos la siguiente Fórmula de retorno del accionista de la empresa familiar:

$$\text{Tasa de retorno anual esperada por el accionista} =$$
$$= (TLR + b\,(RM - TLR)) * (1 + IP) * (1 - EF)$$

donde:

TLR = tasa libre de riesgo.

b = volatilidad de la industria en la que está inserta la compañía.

RM = retorno de mercado, usualmente el esperado por los inversionistas en el mercado accionario.

IP = prima de iliquidez; retorno adicional esperado por los inversionistas en aquellos instrumentos que no pueden ser liquidados rápidamente.

EF = efecto familiar; nivel de satisfacción, compromiso, dedicación y confianza de los miembros de la familia.

Esta fórmula nos permite ver las relaciones entre los tres factores y nos señala la importancia de cada uno de ellos para el accionista de una empresa familiar.

1. *Importancia del riesgo percibido por los accionistas*: los retornos esperados son mayores en la medida en que se percibe un mayor riesgo. Por el contrario, si existen confianza y buenas perspectivas en los negocios futuros de la empresa, el retorno exigido es menor.
2. *Importancia de la liquidez*: al igual que en cualquier negocio, la capacidad para liquidar las inversiones de una empresa familiar incide en las expectativas de retorno. A menor liquidez de una inversión, mayor es el retorno esperado por los inversionistas.
3. *Importancia del efecto familiar*: el grado de compromiso y cohesión de los accionistas son factores que afectan directamente las expectativas. Si los accionistas pelean en forma constante, habrá gran preocupación por el futuro del negocio. Una buena relación familiar se asemeja a tener dinero en el banco. Factores como la armonía, la confianza mutua y el sentido de una misión compartida, se traducen en una disminución del costo de capital y en un incremento del valor para el accionista. Por eso, el efecto familiar puede convertirse en una gran ventaja para el negocio y, por el contrario, un quiebre en el ámbito familiar puede traducirse en su mayor desventaja.

PARTE IV

GOBIERNO DE LA EMPRESA Y DE LA FAMILIA

CAPÍTULO 10

UN DIRECTORIO EFECTIVO PARA LA EMPRESA FAMILIAR

Es importante diferenciar entre *administración* y *gobierno* de una empresa familiar. Mientras la primera se relaciona con la gestión y el manejo del día a día de los negocios –o el círculo empresa en el diagrama de los tres círculos (familia, empresa y propiedad) que veíamos en el capítulo 1–, el gobierno se encarga del manejo de los tres círculos y las relaciones entre ellos como sistema.

Con frecuencia, ocurre que los empresarios familiares se ocupan bien de los negocios, pero no prestan suficiente atención a los otros dos círculos, con lo cual la empresa puede enfrentar conflictos de todas formas. Por eso se dice que administrar bien los negocios de la empresa es condición necesaria, pero no suficiente. También hay que aprender a gobernarla.

El Directorio, Consejo de Administración o Junta Directiva, como se lo conoce en distintos países latinoamericanos, es el órgano de gobierno que vincula a la empresa con la propiedad. Su misión es velar por los intereses de largo plazo de los accionistas. Por eso, su gran objetivo es elevar su patrimonio, procurando que el valor de sus acciones o derechos en la empresa sea el máximo posible.

Desgraciadamente, la mayoría de las empresas familiares no cuentan con un Directorio, y si lo tienen, no es muy activo. Suelen tenerlo para cumplir con los efectos legales, pero no un rol decisivo e importante en el presente y futuro de la compañía. Algunos directorios ni siquiera se reúnen y suelen simularse reuniones y actas, mientras que otros se juntan una o dos veces por año; en esos breves encuentros el presidente del Directorio informa a sus integrantes –normalmente otros miembros de la familia– acerca de los estados financieros, sin mucho detalle, y luego les comenta algo sobre los planes futuros. Este no es el órgano de gobierno que verdaderamente contribuye al éxito. En este capítulo vamos a ver cómo crear un Directorio que sí aporte, que sí sea activo en las decisiones más importantes de la compañía.

Decisiones del Directorio

Primero, el Directorio debe decidir los grandes lineamientos de la estrategia de la empresa. Con estas guías, la Gerencia desarrolla el plan estratégico, cuyo horizonte varía según del sector en que compite, pero normalmente fluctúa entre 3 y 5 años. Es en el seno del Directorio donde se delinean estas directrices y la Administración o Gerencia debe tomar nota acerca de ellas, para luego elaborar un plan estratégico y presentarlo al Directorio para su aprobación.

El Directorio también debe decidir acerca de todas las acciones que comprometen el patrimonio de la empresa y su imagen en el mercado: proyectos de inversión tales como aumentar la capacidad de la planta, lanzar una nueva línea de productos, etc., y grandes decisiones estratégicas como expandirse hacia otros países, fusionarse con otra empresa, establecer una alianza estratégica, etc. Por otra parte, el día a día operativo le corresponde a la Gerencia, pero la marcha general de los negocios, los resultados agregados de su gestión mes a mes, deben ser analizados y evaluados por el Directorio; también le corresponde el seguimiento de la relación de la empresa con sus empleados, clientes, proveedores y comunidad en general; otro tema clave (y la lista podría seguir) es la designación, evaluación del desempeño y eventual remoción del gerente general y del equipo directivo superior.

Composición del Directorio

Es lógico e indispensable que en el Directorio de una empresa familiar haya miembros de la familia. No obstante, es muy recomendable también la presencia de miembros externos. Estos suelen adoptar el rol de consejeros de los propietarios, especialmente en aquellas empresas donde el fundador está todavía presente o en las primeras instancias de una sociedad de hermanos, porque los miembros externos tienen claro que quienes arriesgan su capital, patrimonio e imagen en el mercado no son ellos sino los dueños. Por tanto, aunque cuenten con plenos poderes, su papel es más el de consejeros de los propietarios que el de directores que ejercen su derecho a voto sin restricción, como ocurre en una típica sociedad anónima que cotiza sus acciones en la Bolsa.

La experiencia de muchas empresas familiares en países desarrollados, y en los últimos años en algunos de Latinoamérica, indica que los directores externos representan una gran contribución para la empresa familiar. La Tabla 10.1 muestra los aspectos de mayor utilidad que pueden aportar, de acuerdo con una investigación a gran escala realizada en los Estados Unidos.

Tabla 10.1
¿Qué aportan los miembros externos al Directorio?

Aspectos de mayor utilidad	Aspectos de menor utilidad
• Visión objetiva y sin prejuicios	• Operaciones diarias
• Pedido de cuentas a la Gerencia	• Asuntos o conflictos familiares
• Red de contactos	• Conocimientos técnicos
• Planteo de preguntas clave	• Asuntos muy específicos
• Perspectiva a largo plazo	
• Ayuda en la fijación de la remuneración a los ejecutivos	

Encuesta a 1.100 empresas familiares, suscriptores del *Business Week Newsletter for Family-Owned Businesses*.
Fuente: Schwartz, Marc A., y Barnes, Louis B.: "Outside Boards and Family Businesses: Another Look". En *Family Business Review*, IV (3), 1991, pp. 269-285.

Los directores externos contribuyen con una perspectiva de largo plazo, es decir, suelen tener un horizonte que permite proyectar a la compañía hacia el futuro. En suma, ayudan a ver el bosque en su conjunto, en lugar de cada uno de los árboles. Además, aportan una visión objetiva y sin prejuicios, plantean preguntas clave, ayudan a pedir cuentas a la Gerencia, suman una red de contactos y colaboran en fijar la remuneración de los ejecutivos clave.

Como es natural, también tienen limitaciones. No están preparados para entrar en el detalle del negocio, ni destinados a encargarse de operaciones diarias ni a resolver asuntos muy específicos. Tampoco poseen conocimientos muy técnicos, pero para todo eso están los ejecutivos de la empresa. Por último, no es recomendable pedirles que intervengan ni que se involucren en asuntos familiares.

Además, los directores externos pueden llevar ideas frescas y creativas tomadas de otros sectores y de otras experiencias que han visto o vivido y, por otra parte, ayudan a separar los negocios de los asuntos familiares, sin siquiera proponérselo: su sola presencia y participación inhibe cualquier conversación privada y hace que los miembros de la familia se pongan a trabajar muy profesionalmente en los temas estratégicos de la compañía, sin detenerse en asuntos domésticos.

Perfil de los miembros externos en el Directorio

Para seleccionar un candidato a director externo de una empresa familiar, la pregunta clave no es "¿A quién conocemos?", sino más bien "¿Qué tipo de persona buscamos?". Por eso, antes de comenzar a lanzar nombres sobre la mesa, lo que hay que hacer es pensar en el perfil que hace falta, con independencia de las particularidades o especificaciones de cada sector o de cada empresa. La Tabla 10.2 presenta las características básicas que deben tener los miembros externos en el Directorio.

Tabla 10.2
Perfil de los miembros externos al Directorio

- Empresarios o ejecutivos de trayectoria probada y vigentes
- Provenientes de sectores con elementos similares al nuestro
- Con experiencia en empresas más grandes, más profesionales, más eficientes
- Con experiencia en directorios de empresas familiares
- Con valentía, convicción y "piel dura" para dar su opinión
- Inquisidores y con ganas de aprender del negocio
- Que sepan trabajar en equipo
- Sin conflicto de intereses
- Honestos, íntegros y leales
- Que sepan guardar confidencialidad

Sin duda, también es conveniente preguntarse: "¿Quiénes **no** tienen el perfil correcto?". La respuesta es doble: por un lado, todos aquellos que tienen conflictos de intereses con una posición en el Directorio, como los ejecutivos de la empresa, pues, al pertenecer al mismo tiempo al Directorio, serían juez y parte de su propia gestión. Aquí la excepción sería el o los dueños-gerentes; aunque no es lo más recomendable –y hay que corregirlo en cuanto sea posible–, es preferible que los propietarios administren y dirijan al mismo tiempo, a no tener Directorio.

También son juez y parte de su propia gestión todos aquellos que proveen servicios a la empresa de manera externa y que deben ser evaluados por el Directorio, como por ejemplo, el abogado, el contador o el consultor. Por otra parte, carecen del perfil correcto todos aquellos que no reúnan los rasgos empresariales que hemos enunciado anteriormente, es decir, todas aquellas cualidades o características de las personas que necesitamos.

Estructuración del Directorio

El Directorio es, por encima de todo, un equipo de trabajo y, por tanto, debemos velar por que tenga una buena dinámica de grupo. El número apropiado parece estar entre 5 y 8 miembros. Cuando hay menos de 5, parece faltar "masa crítica", especialmente si alguno de ellos no ha podido asistir a la reunión. Más de 8 también puede ser contraproducente, porque si todos quieren intervenir activamente, las reuniones pueden resultar interminables. Por supuesto, existen muy buenas excepciones a estos parámetros.

¿Es mejor una cantidad par o impar de miembros? Normalmente se prefiere la segunda opción, para evitar el empate en las votaciones. Sin embargo, esta no debería ser una regla rígida por dos razones: en primer lugar, en el Directorio que estamos proponiendo, las decisiones se suelen adoptar por consenso; y, en segundo lugar, es posible que el presidente del Directorio tenga voto doble o dirimente.

Otro punto importante al estructurar el Directorio es la proporción de miembros externos de la que hablábamos antes. Es mejor que las empresas que no han experimentado con este tipo de equipo, como es el caso de la inmensa mayoría de las familiares, comiencen con una proporción menor de externos, para que se acostumbren a la idea, y luego vayan aumentándola en forma paulatina. Lo que sí resulta muy importante es que nunca sean menos de 2 –como se suele decir, "uno es ninguno", porque no tendrá el ambiente adecuado para hacer valer sus argumentos ante una mayoría de familiares o ejecutivos de la empresa– y el ideal es 3 o más.

La frecuencia de las reuniones es otro punto a comentar. Nuestra experiencia es que los directorios suelen reunirse normalmente una vez por mes o por bimestre. No obstante, para aquellas empresas que nunca antes han tenido reuniones de Directorio activas y formales, o para aquellos fundadores a quienes les cuesta asimilar la idea del Directorio, la recomendación es comenzar con 3 o 4 reuniones al año, para luego ir incrementándolas. En ellas los fundadores tendrán oportunidad de intercambiar opiniones con los directores externos, quienes actuarán como consejeros en grandes decisiones respecto del presente y futuro de la empresa. En las etapas de los hermanos y los primos, las reuniones de Directorio son más habituales y, por tanto, más frecuentes.

En cuanto al período que los directores permanecerán en el cargo, normalmente, las empresas lo tienen fijado en sus estatutos. Lo habitual es que sean 2 o 3 años, que parece ser un tiempo prudente. Sin embargo, para aquellos que recién se están incorporando a la empresa, es mejor que su primer período sea más breve, digamos 1 o, como máximo, 2 años.

Un tema muy importante dentro de la estructuración del Directorio es el de la remuneración de los directores, no solo de los externos, sino también de los que pertenecen a la familia o a la empresa. Para empezar, es bueno que los directores externos no asistan solo por dinero. En otras palabras, que sean personas lo suficientemente ocupadas y exitosas como para no necesitar de nuestra remuneración.

Sin embargo, eso no significa que no sea importante compensarlos por el tiempo que nos dedican.

También es importante considerar si vamos a remunerar con un sistema fijo o variable. La principal virtud del primero es que los directores pueden contar, luego de cada reunión, con una remuneración conocida. Su principal defecto es que esta clase de retribución es independiente de los resultados de la empresa. Lo opuesto ocurre con el sistema variable. El ideal es un sistema mixto, con una parte fija y otra parte variable, pues combina las virtudes de ambos métodos y tiende a eliminar sus defectos, pero hay que evitar que su cálculo sea complicado. Los directores externos suelen preferir contar con una remuneración fija, o al menos una parte fija, por cada reunión. No les gusta que todo se juegue a una remuneración variable, a menos que esta sea muy buena y relativamente estable.

En cuanto a montos a pagar, como referencia, en Chile, empresas que facturan entre US$ 5 millones y US$ 200 millones anuales, aproximadamente, pagan a sus directores entre US$ 700 y US$ 7.000 por reunión. Por supuesto, compañías más grandes pagan remuneraciones aun mayores.

Cómo conseguir directorios efectivos

El primer consejo para hacer que la reunión de Directorio sea muy efectiva, es tener una agenda claramente planificada, preparada por el presidente del Directorio con la ayuda del gerente general, quien conoce en detalle cuáles son los temas que requieren atención. El presidente establece el orden de los temas a tratar y los tiempos a destinar a cada uno. Es importante que esta agenda o tabla sea enviada a los directores con anterioridad a la reunión.

Aunque pareciera un tema menor, la duración de las reuniones es también fundamental para sacar el máximo provecho del Directorio. Si bien tampoco hay una regla estándar al respecto, nuestra experiencia indica que las reuniones que funcionan mejor tienen una duración de unas 4 horas, es decir, media jornada, con un break de 5 o 10 minutos en la mitad. Estas reuniones son suficientemente largas para abordar los distintos asuntos y, al mismo tiempo, suficientemente cortas para no resultar agotadoras.

Es necesario también cuidar el estilo de las reuniones. Estas deben ser de carácter formal y con un tono muy profesional, como corresponde a un Directorio, pero a la vez muy dinámicas y activas. La idea es que todos los miembros tengan derecho a intervenir en los temas que se están tratando, pero en la medida en que esto no altere el orden y no dilate innecesariamente las decisiones. Es deseable que las reuniones tengan la suficiente informalidad dentro de la formalidad de la que hablábamos, para generar un ambiente grato y de colaboración mutua que promueva la creatividad y la innovación.

Mantener comunicaciones entre reunión y reunión por teléfono, e-mail o cualquier otro medio –con una frecuencia razonable– es fundamental para que los directores externos permanezcan conectados con la empresa. Esto es especialmente válido para aquellas empresas que tienen reuniones poco frecuentes. También es conveniente enviar a los directores información que haya aparecido en la prensa respecto de la empresa, los competidores, el mercado y el sector donde compiten, etc.

Es importante definir quiénes deben asistir a las reuniones del Directorio, aparte de sus miembros regulares. Por supuesto, el gerente general debe asistir a toda la reunión para informar y rendir cuentas, plantear los temas de la agenda o tabla, defender sus puntos de vista y recibir las instrucciones que se deriven de las decisiones tomadas. En las sociedades anónimas, el gerente general tiene derecho a voz, pero no a voto, y actúa como secretario para levantar el acta. Solo se le suele pedir que abandone la sala para tratar aquellos temas propios del Directorio en que no debe estar presente ningún ejecutivo, como por ejemplo cuando se discute la remuneración o el desempeño del propio gerente general. Todos los demás ejecutivos o asesores deben concurrir a la reunión solo por invitación. Normalmente, asisten el gerente comercial, el gerente de Finanzas, y otros, pero solo permanecen en la sala durante el tiempo que se discute el asunto que les atañe.

¿Cómo asegurar buenas reuniones de Directorio? ¿Qué hacer para que sean productivas y útiles para la compañía? No hay una receta única, pero la mejor recomendación es prepararlas bien, dedicar atención a la organización de una buena agenda y aprovechar el tiempo. Es misión del presidente asegurar la buena marcha de la reunión, así como lograr acuerdos acerca de los principales temas. Para conseguirlo, normalmente cede la palabra a los distintos directores e interviene una vez que han dado su opinión, pues así puede extraer conclusiones y buscar el consenso.

Es fundamental "vender la idea" del Directorio al resto de la empresa. En otras palabras, los ejecutivos deben tener conciencia de que la reunión de Directorio es clave en la compañía y de que el Directorio es el órgano supremo que, en representación de los accionistas, toma las decisiones más estratégicas de la empresa. En consecuencia, los ejecutivos deben llegar muy bien preparados a la reunión y provistos de todos los datos e información relevantes para las decisiones que se estén analizando.

Finalmente, está el tema de la remoción de directores. Si alguno no está cumpliendo bien su tarea porque no asiste regularmente a las reuniones, no se prepara adecuadamente o no aporta a la discusión, es importante hacérselo saber. Por ingrata que sea la tarea, hay que asumirla si es necesario. En todo caso, siempre la forma más adecuada es conversar privadamente y con tiempo, y comunicarle el descontento que existe con su desempeño.

CAPÍTULO 11

CONSEJO DE FAMILIA Y PROTOCOLO: CLAVES EN EL GOBIERNO DE LA FAMILIA

El Consejo de Familia

El Consejo de Familia es el menos conocido y utilizado de los órganos de gobierno en las empresas familiares. Una cantidad aún pequeña, pero afortunadamente creciente, de empresas familiares lo están instaurando. La mayoría de ellas lo ha adoptado luego de seguir un curso o seminario sobre empresas familiares donde han conocido sus características y ventajas.

Es la institución que representa a la familia en su empresa y se preocupa específicamente de los vínculos entre ambas (ver Figura 11.1). Es el foro apropiado para conversar acerca de los grandes temas en relación con la empresa y la propiedad, aquellos que nunca encuentran el momento para ser tratados y entonces se lo hace en el almuerzo dominical, o en el casamiento de un sobrino, cuando, en realidad, debe ser tan formal como una reunión de Directorio.

El consejo ayuda a definir los límites entre los tres círculos –empresa, propiedad y familia–, y el rol que las personas deben cumplir en cada uno de ellos. Es fundamental que el consejo instruya y eduque a los miembros de la familia para que respeten los límites y se comporten adecuadamente al interactuar, y conozcan los derechos y responsabilidades de la propiedad y la dirección. Por otra parte, permite crear una visión compartida en la familia, un código de entendimiento y un plan familiar.

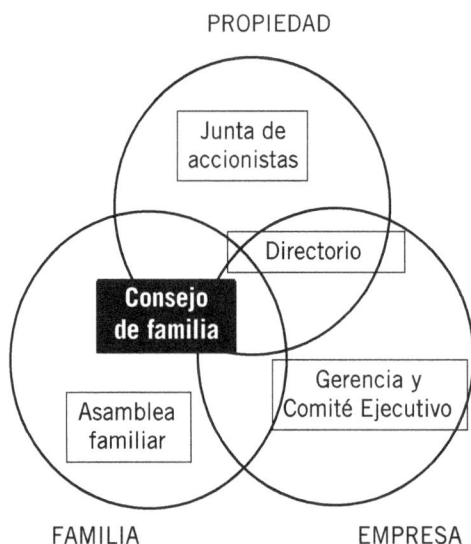

Figura 11.1. Órganos de gobierno de la empresa familiar

Misión del consejo familiar

La misión del consejo familiar consiste en procurar el equilibrio tanto en las relaciones en el interior de la familia –y entre sus ramas, si existen– como en las relaciones de la familia con la empresa y la propiedad. Quedan fuera de sus atribuciones las grandes decisiones de negocios y de propiedad, que son adoptadas por el Directorio y la Junta de accionistas.

Este consejo debe, entonces:

1. procurar la unidad y armonía familiares, prevenir los conflictos y ayudar a resolverlos cuando se producen;

explicitar los valores fundamentales de la familia y transmitirlos a las futuras generaciones;
2. educar a los miembros de la familia en los asuntos de la empresa; representar los intereses de la familia ante la propiedad y ante el Directorio, que es el encargado de velar por los intereses de la propiedad;
3. legislar o definir políticas y normas que regulen la relación empresarial entre los miembros de la familia, y entre ella y la empresa, el ingreso de personal familiar, el comportamiento esperado en el trabajo, las formas de remuneración, etc.

Por otra parte, el consejo familiar es el encargado de expresar lo que siente la familia respecto de las grandes directrices o lineamientos empresariales. Temas tales como el endeudamiento de la empresa y, por tanto, el riesgo que corren sus propietarios, o la diversificación de sus negocios, o los criterios respecto de la inversión de su patrimonio, etc., son aquellos en los que la familia puede expresar su parecer de modo amplio y general, con el objeto de poner límites al Directorio, que es el encargado de tomar todas estas decisiones.

Además, debe promover la comunicación e información a los accionistas y hacer lo posible por evitar los conflictos entre ellos. Esta labor preventiva y de difusión y comunicación es fundamental. Es la mejor manera de neutralizar los problemas y conflictos en el interior de la familia.

El consejo también puede fomentar iniciativas de apoyo y bienestar en las áreas de educación, salud, casos de urgencia económica, etc. Un tema de creciente interés entre las familias con gran patrimonio es la creación de una oficina encargada de asesorar a sus miembros en sus necesidades de inversión, temas legales y tributarios, etc. El consejo debe decidir si brindará ayuda o apoyo a sus miembros en tales materias y cómo lo hará.

Finalmente, el consejo familiar se encarga también de las iniciativas de contribución de la familia a la comunidad. La comunidad suele solicitar a las empresas una serie de beneficios o aportes, y muchas veces estos se hacen de manera no coordinada, desperdiciando esfuerzos. Algunas familias asumen este compromiso como propio y coordinan una política cooperativa que consideran algo así como una devolución a la sociedad por lo que han recibido de ella. Muchas lo hacen a través de una fundación especialmente creada para servir a la comunidad. En Latinoamérica en general, esta ayuda a la comunidad es mucho menos frecuente que en la sociedad norteamericana. Solo en los últimos años, algunas empresas han aprovechado los incentivos tributarios que establece la ley y han promovido su lento pero sostenido incremento.

Composición del consejo familiar

¿Quiénes y cuántos deberían ser sus miembros?

Al igual que en el caso del Directorio, el consejo familiar es un equipo de trabajo y, como tal, debería tener entre 5 y 8 integrantes. Un mínimo de 5 para que haya masa crítica, y un máximo de 8 para que no sean demasiados, y así todos tengan oportunidad de intervenir y las reuniones no sean excesivamente largas.

Respecto de quiénes debieran componerlo, es conveniente que todos sean miembros de la familia para que puedan conversar acerca de los grandes temas que les preocupan en un ambiente de privacidad, y también para que la familia aprenda a resolver sus posibles problemas y conflictos por sí misma. Sin embargo, al constituir e iniciar el trabajo del consejo, o ante un grave conflicto, es recomendable la ayuda de algún facilitador externo, pero siempre como asesor, no como miembro regular.

¿Quiénes dentro de la familia? En general, tendrían que participar todos aquellos que cumplen con un perfil establecido en el Protocolo. Para elaborar ese perfil, basta tener en mente requisitos tales como pertenencia a la familia, según se haya definido esta; edad mínima de 18 años, y mejor aún 21; auténtico deseo de contribuir, etc. El ideal es que participen accionistas importantes, es decir, que haya peso específico en el consejo. Además es recomendable que haya miembros de distintas ramas y generaciones de la familia, si es que esta ya está dividida, como ocurre normalmente en las etapas de los hermanos y de los primos.

Conviene que el presidente del consejo familiar no sea el mismo que el del Directorio, dado que son dos órganos muy importantes y equivalentes en peso específico dentro del sistema de gobierno. Normalmente, cuando alguien preside simultáneamente ambos órganos, tiende a prestar más atención al Directorio, en desmedro del consejo familiar. Por tanto, este último puede ser presidido por otro miembro de la familia, que verdaderamente tenga interés y tiempo para dedicarse a esa tarea, que sea capaz de reunir a la familia, que tenga cierto ascendiente sobre los demás, que sea escuchada y, ojalá, sea un accionista importante, por ejemplo la esposa, en el caso de una empresa en la etapa del dueño-gerente, o un hermano o hermana, en la siguiente fase.

También aquí hay que considerar la retribución. Por regla general, los consejos familiares no son remunerados, sino que sus miembros suelen asumir su cargo como un compromiso moral con la familia. No obstante, hay unas pocas excepciones. En algunos casos se paga al presidente, y a veces a otro familiar que actúa como secretario, para compensar su dedicación de tiempo superior a la de los demás miembros. Hay incluso algunas familias que entregan una remuneración pequeña, pero simbólica, para que sus integrantes tomen con más seriedad su trabajo. Muchas cubren los gastos de viaje de los que viven lejos y han de desplazarse para las reuniones.

La frecuencia con que tendría que reunirse el consejo familiar es una duda habitual. En general, va cambiando conforme la empresa avanza en el desarrollo de su propiedad. Normalmente, en la etapa del dueño-controlador, el consejo necesita reunirse menos –un par de veces al año–, porque hay pocos temas o menor necesidad de constituir un consejo. En la etapa de los hermanos, ya empieza a ser mucho más necesario un consejo activo, por tanto 3 o 4 veces al año funciona bien. En la etapa de los primos ya es absolutamente indispensable, y es recomendable que se reúna de 4 a 6 veces al año. También hay que considerar en qué fase de desarrollo se encuentra el propio consejo. Cuando está constituyéndose, y se está elaborando por primera vez el Protocolo de la familia, se requieren más reuniones, especialmente para la redacción del primer Protocolo. Para ello, suele ser necesaria la ayuda de un asesor externo con experiencia y, por un tiempo, la realización de hasta 2 reuniones mensuales para asegurar la continuidad del proceso. Luego de establecido este documento base, se debería retornar al ritmo de sesiones comentado previamente.

Una pregunta que pareciera menor, pero que no deja de tener importancia, es dónde debería reunirse el consejo familiar. La respuesta es: en cualquier lugar donde se guarde la formalidad que corresponde, es decir, en un sitio donde haya una mesa de trabajo y un ambiente cómodo para permanecer entre 2 y 4 horas, que es lo que normalmente dura una sesión de este tipo. En resumen, un espacio donde se pueda hacer una reunión de trabajo lo más formal y profesional posible, como si fuera el Directorio de la compañía. De hecho, muchos consejos familiares se reúnen en la sala del Directorio, lo que indica la importancia y formalidad que se les otorga en sus respectivas empresas.

Es necesario dejar claramente establecido cómo se relaciona el consejo familiar con el Directorio. Tal como se muestra en la Figura 11.2, ambos órganos son completamente independientes y ninguno tiene superioridad sobre el otro, es decir, tienen ámbitos de actuación completamente distintos.

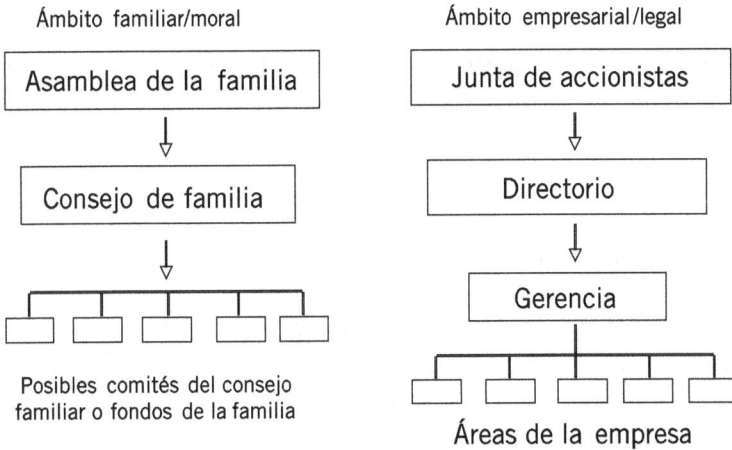

Ámbito familiar/moral

Ámbito empresarial/legal

| Asamblea de la familia | Junta de accionistas |

| Consejo de familia | Directorio |

Gerencia

Posibles comités del consejo familiar o fondos de la familia

Áreas de la empresa

Figura 11.2. Relación entre Consejo de Familia y Directorio

El Directorio responde legalmente a la Junta o Asamblea general de accionistas y se encuentra sobre la Gerencia General, la cual a su vez está jerárquicamente al mando de todas las otras divisiones, áreas o unidades de la compañía. Esta organización es de carácter legal y empresarial, porque el Directorio está para adoptar las grandes decisiones de negocios y de propiedad en la empresa, estas últimas junto con la Asamblea de accionistas.

En cambio, el consejo familiar se mueve en un ámbito moral, en lugar de legal, y familiar, en vez de empresarial. Además responde a otra jerarquía. A la cabeza de esa jerarquía se encuentra la familia toda, según la definición que se haga de ella en su Protocolo. Esta familia, a su vez, puede tener un órgano algo más pequeño, que podríamos llamar "asamblea de la familia", para reunir a los mayores de una cierta edad, por ejemplo 15 años, con el objeto de informar, instruir y educar gradualmente a sus miembros, incluidos los que están más alejados de los negocios, los parientes políticos y los más jóvenes.

Es interesante observar que la asamblea de la familia podría tener también un carácter decisorio, pero al ser un órgano que agrupa familiares de diversas edades, normalmente se considera que no es conveniente darle un rol resolutivo, sino solo informativo. Por tanto, un encuentro anual puede ser suficiente.

El Protocolo de la familia

El Protocolo es un documento escrito que contiene los acuerdos a que la familia ha llegado respecto de su relación con la empresa y la propiedad. También suele llamarse "Constitución", especialmente en el mundo anglosajón.

El Protocolo tiene un carácter moral, no legal. Refleja, por tanto, el compromiso que asumen los familiares en pos de la armonía y buen gobierno de la empresa, para muchos tanto o más importante que la ley. No obstante, algunos de los elementos contenidos en él pueden transformarse en acuerdos o pactos de accionistas con forma legal.

Contar con un Protocolo da mayor estabilidad a las reglas del juego y permite organizarse mucho mejor para el desarrollo de las futuras generaciones. A las familias les cuesta mucho organizarse espontáneamente y ponerse de acuerdo cuando enfrentan situaciones difíciles que tensan las relaciones y producen conflictos, y el Protocolo es de mucha ayuda en esos casos.

Es muy aconsejable discutir los grandes temas del Protocolo con tiempo y altura de miras, sin la presión de un conflicto inminente. Como suele decirse, es mucho mejor discutir los problemas cuando aún no tienen nombre ni apellido, o sea, cuando todavía no hay miembros específicos de la familia involucrados en la decisión.

Cada Protocolo es único porque debe adaptarse a las especiales características, necesidades y forma de pensar de cada familia. Sin embargo, suele haber algunos elementos comunes entre un Protocolo y otro, y estos son normalmente los contenidos generales. Algunos de estos grandes temas pueden ser:

- Visión, misión, valores y estilos de la familia.
- Gobierno de la familia.
- Gobierno de la empresa.
- Participación de la familia en la empresa.
- Asuntos patrimoniales.
- Grandes directrices empresariales.
- Otros asuntos de interés para la familia empresaria.
- Normas de convivencia, resolución de conflictos y cumplimiento del Protocolo.

La redacción del Protocolo implica todo un proceso que puede llevar varios meses de trabajo. Normalmente, el consejo familiar es el órgano de gobierno que asume la tarea de redactarlo y perfeccionarlo. De hecho, el Protocolo no es "letra muerta", sino un documento "vivo" en el sentido de que se va modificando conforme la familia acumula experiencia y piensa que es necesario incluir nuevos temas o cambiar los existentes. Esto es muy importante, porque las personas van aprendiendo a medida que el Protocolo es puesto a prueba. Además, van cambiando en el tiempo según la evolución que hemos descrito en las etapas de desarrollo, y eso las induce a modificar el Protocolo. Los cambios suelen introducirse respetando el quórum mínimo de miembros del consejo familiar que se establece para tales efectos.

La continuidad y perseverancia de la familia son claves para concluir con éxito el proceso. La asesoría de profesionales con experiencia probada es muy recomendable para ayudar a la familia a elaborar el Protocolo.

PARTE V

RELACIONES Y CONFLICTOS EN LA EMPRESA FAMILIAR

CAPÍTULO 12

RELACIONES ENTRE PARIENTES EN LA EMPRESA FAMILIAR

Las relaciones humanas han sido objeto de innumerables estudios antropológicos, psicológicos y sociológicos. Muchos de estos estudios se han centrado en los vínculos familiares, pero solo recientemente se han investigado las relaciones de trabajo entre padres e hijos, hermanos, primos y hasta parientes políticos en el interior de la empresa familiar. Los miembros de la familia a menudo se encuentran desempeñando varios roles cuando trabajan juntos. Son de manera simultánea parientes, superiores o subordinados y, probablemente, socios o copropietarios.

Relaciones entre padres e hijos

Las relaciones entre padres e hijos en la empresa familiar suelen ser muy intensas. Hay casos en que son muy gratificantes para ambas partes, pero lamentablemente también hay otros en que pueden ser muy destructivas. Veamos algunas conclusiones de la investigación que John Davis y Renato

Tagiuri, profesores de la Harvard Business School, desarrollaron hace algunos años con 89 parejas de padres e hijos[22]. Ante la pregunta acerca de qué temas eran los que más les preocupaban a los padres en la relación de trabajo con sus hijos, las respuestas textuales más frecuentes fueron las siguientes:

- Mi hijo tiene demasiada prisa por asumir responsabilidades.
- Mi hijo aún no está preparado para asumir mayores responsabilidades.
- Él quiere cambiar la forma en que hacemos las cosas, la forma en que yo sé que esto funciona.
- Quiere asumir demasiados riesgos y exponer a la compañía que yo, y mi padre antes que yo, desarrollamos de la nada con tanto esfuerzo y tantos sacrificios.
- No aprecia lo que yo he hecho.
- No confía en mi criterio y mi experiencia.
- Ha recibido una educación mejor que la mía, pero yo me he graduado en la universidad de la vida. En cambio, la mayor parte de lo que él sabe son cosas tomadas de libros o, lo que es peor, de los profesores; y los profesores no saben cómo se hacen las cosas.
- Él quiere cambiar las metas y los objetivos de la compañía (por ejemplo, diversificar).
- ¡Quiere hacer a un lado a los ejecutivos de nivel medio que me han sido leales desde que empezamos, que me siguieron y confiaron en mí cuando yo no tenía nada!

Por otra parte, la visión de los hijos respecto de la relación de trabajo con sus padres se refleja en estos comentarios textuales, que fueron algunos de los más repetidos:

---

22. Davis, John, y Tagiuri, Renato: "The Influence of Life Stage on Father-Son Work Relationships in Family Companies". En *Family Business Review*, II (1), 1989, pp. 47-77.

- Mi padre está atascado en su manera de hacer las cosas. No comprende lo que es necesario hacer hoy día.
- Mi padre no me da ningún poder. Cuando lo hace, después me desautoriza y pasa por encima de mí.
- Mi padre no respeta mi criterio.
- Mi padre no trata a los empleados en una forma respetuosa y profesional.
- Mi padre no reconoce que él ya no es capaz de dirigir el espectáculo.
- Mi padre usa la situación laboral para enseñarme a vivir. Me hace sentir como un niño otra vez.

Tanto en la investigación antes mencionada como en otras que se han realizado, los padres desean fundamentalmente que haya un acuerdo e identificación mutua con sus hijos, y que estos los respeten y acepten su autoridad. Por otra parte, les gustaría recibir aprecio y cariño de sus hijos, admiración, que se sientan orgullosos de sus logros y que continúen con el legado, es decir, la empresa y sus valores.

Cuando hacemos la pregunta al revés, es decir, "¿qué desean los hijos de sus padres?", las respuestas más frecuentes son básicamente dos: que los apoyen en su crecimiento personal y que se sientan orgullosos de ellos.

Tal vez la cuestión más importante es qué pueden hacer padres e hijos para llevarse mejor en sus relaciones de trabajo en la empresa. Las principales recomendaciones que se pueden ofrecer al respecto son mantener una comunicación abundante y directa, desarrollar una comprensión profunda del otro como persona, y procurar solucionar sus diferencias por sí mismos o con ayuda de terceros. También es fundamental que entre ellos haya respeto y confianza, estima y cariño mutuos, que destinen tiempo a apreciar la relación de familia y traten con consideración a las demás personas que trabajan en la empresa. Obviamente, sobre cada uno de estos temas podría escribirse un capítulo completo, que lamentablemente aquí no tenemos espacio para desarrollar.

Davis y Tagiuri descubrieron que existen diferentes etapas en la vida de padres e hijos y que estas afectan sus relaciones de trabajo en la empresa. Cuando padre e hijo pasan por períodos vitales en los cuales ciertas interacciones sociales son relativamente fáciles, es muy posible que su relación de trabajo sea armoniosa. Por el contrario, cuando ambos se encuentran en etapas vitales en que las interacciones tienden a ser difíciles, podemos esperar que su relación de trabajo sea problemática.

Se denomina *intersección de las etapas vitales* a la superposición de las etapas individuales. Por ejemplo, se produce cuando el padre está en la transición de la mediana edad, normalmente en la década de los 40 años, y el hijo en su segundo decenio de vida. La teoría de la intersección puede ayudar a explicar la calidad de la relación de trabajo entre el padre y sus hijos. Por calidad queremos significar lo bien que trabajan juntos, y esto lo medimos desde la óptica de ambas partes de acuerdo con cuatro dimensiones: (1) la facilidad de su interacción; (2) el agrado con que trabajan juntos; (3) cuánto logran hacer por la empresa, y (4) cuánto aprenden el uno con el otro.

Los profesores Davis y Tagiuri postulan que la calidad de una relación de trabajo padre-hijo depende, en parte, del grado de compatibilidad de las fortalezas, intereses, tareas, actitudes y comportamientos que son el resultado de la fase vital en que está cada uno de ellos. Estos autores creen que ciertas etapas vitales del padre encajan muy bien con ciertas etapas vitales del hijo, y que estas intersecciones producen relaciones de trabajo relativamente buenas. Otros períodos (es decir, otras intersecciones de las etapas vitales) involucran a ambos en tareas y comportamientos incompatibles y dan como resultado relaciones de trabajo más bien problemáticas.

Los hallazgos de este estudio se pueden apreciar en la *Matriz de etapas vitales*, que se presenta en la Figura 12.1. Allí se muestran las edades del padre y del hijo divididas en intervalos. Los períodos de 17-22 y 34-50 años en la edad del hijo, y 45-40 y 61-70 son momentos en que las relaciones interpersonales, y probablemente las laborales, pueden ser difíciles. Estos tiempos se representan a lo largo de los ejes con una línea gruesa. Por otra parte, los intervalos 23-33 y 51-60 años parecen ser más conducentes a interacciones armoniosas. En la misma figura se pueden distinguir cinco zonas (A, B, C, D y E). En la zona A, la calidad es mixta (+/-), en las zonas B y D la calidad es buena (+), en tanto que en las zonas C y E es deficiente (-). Las zonas D y E son concordantes con lo que sabemos que es un período problemático para el hijo (entre 40 y 50 años), cuando enfrenta la "transición de la mediana edad", y las dificultades que suelen surgir en un contexto de trabajo cuando el padre llega a los últimos años de la década de los 70.

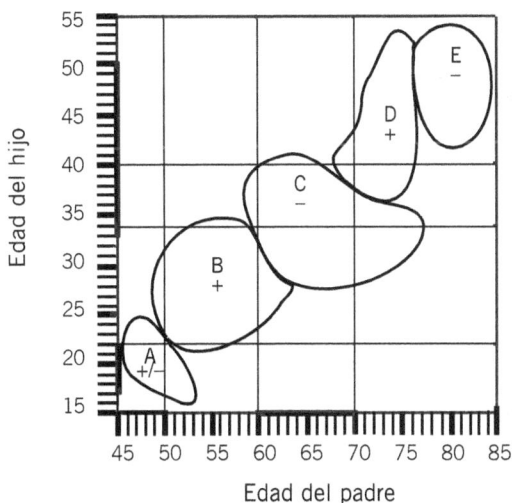

Fuente: Davis, John, y Tagiuri, Renato: "The Influence of Life Stage on Father-Son Work Relationships in Family Companies". En *Family Business Review*, II (1), 1989, pp. 47-77.

Figura 12.1. Zonas de calidad en las relaciones de trabajo padre-hijo

Relaciones entre hermanos

Las relaciones entre hermanos se caracterizan por ser normalmente las más largas que tiene un ser humano. Ni con sus padres, ni con sus hijos, cónyuges, etc., una persona vive tantos años en común. Esto hace que los hermanos posean muchas experiencias compartidas. Estas relaciones se caracterizan además por la intensidad emocional que puede haber en ellas, y por sentimientos de lealtad y rivalidad. También hay que considerar las preocupaciones acerca de justicia y equidad, los prejuicios acerca del género y el rol de los padres cuando intervienen en temas de sus hijos.

Los hermanos logran compartir mejor el trabajo y la propiedad de una empresa cuando existe entre ellos una serie de elementos que lo hacen más fácil. En primer lugar, cuando tienen una relación fundamentalmente sana. Esto no significa que no tengan diferencias y algunas discusiones sobre temas empresariales y familiares, pero deben ser capaces de superarlas y llegar a un buen acuerdo. Si existe un abismo entre ellos o hubo un conflicto que dejó heridas muy profundas, es difícil que puedan continuar juntos. Además, se ha descubierto que las relaciones entre hermanos suelen ser más efectivas cuando existe entre ellos un sueño empresarial compartido y un acuerdo en la visión de fondo de la empresa así como en los valores de la familia[23]. Un enfoque o filosofía de negocios relativamente similar también ayuda a que puedan trabajar juntos o compartir la propiedad del negocio.

Otro punto absolutamente fundamental es la habilidad para apreciar los talentos únicos de cada persona. En otras palabras, el principio de la especialización. La probabilidad de éxito aumenta cuando los hermanos poseen capacidades, habilidades y conocimientos que se complementan, y cuando sus roles, áreas de responsabilidad y derechos están

---

23. Algunas de estas ideas han sido tomadas de Lansberg, Ivan: *Op. cit.*

claramente definidos, comparten abundante comunicación e información, hay cariño y demostración de afecto entre ellos, se respetan y apoyan mutuamente, son capaces de aceptar sus diferencias y de compartir el crédito por los logros obtenidos.

Finalmente, ha de haber generosidad de espíritu entre ellos y disposición para deponer los deseos individuales en pro del trabajo colectivo. El lema de los tres mosqueteros: "uno para todos y todos para uno" es muy ilustrativo al respecto.

¿Qué pueden hacer los hermanos para que sus relaciones en la empresa familiar sean mejores? Es una pregunta que tiene muchas respuestas; a continuación entrego una lista –no exhaustiva– de recomendaciones. En primer lugar, saber aceptar y analizar en su debida perspectiva los sentimientos de adhesión por una parte y de rivalidad por otra, inherentes a toda relación humana y en particular a esta. Segundo, involucrar escasa y sabiamente a los padres en sus conflictos, y tener cuidado en no delegar esos conflictos en sus cónyuges. Además, como mencioné anteriormente, separar bien sus roles y funciones en la empresa, para evitar posibles colisiones. Por último, ya que las relaciones de trabajo ocupan la mayor parte de las horas del día (y de la vida), es importante que procuren disfrutar de ellas y cultivar el sentido del humor. Desde luego, otros consejos –ya mencionados– son prepararse para la entrada de la siguiente generación y crear un Consejo de Familia y un Directorio, para institucionalizar el gobierno de la familia y de la empresa, respectivamente.

Relaciones entre primos

Las relaciones entre primos se han estudiado bastante menos que las de hermanos. Se caracterizan por el hecho de que los primos suelen tener pocas experiencias compartidas en la niñez. Sus interacciones son menos intensas y emocionales que en el caso de los hermanos. Muchas veces se establecen relaciones políticas, basadas en aspectos tales como reconocimiento, poder y dinero. Los temas vinculados a la justicia y equidad en la distribución de la propiedad y el trabajo en la empresa suelen ser objeto de preocupación y, a veces, origen de conflicto. Como en toda relación humana, no faltan entre ellos los sentimientos de lealtad por un lado y de rivalidad por otro. Además, es importante considerar que en esta etapa la familia ya está dividida en ramas, y que muchas veces los primos deben cargar con alianzas y enfrentamientos entre ellas.

Al igual que en el caso de los hermanos, los primos logran compartir mejor el trabajo y la propiedad de una empresa cuando existe entre ellos una serie de elementos que lo hacen más fácil. De hecho, algunos de los elementos clave en los hermanos se repiten en los primos, como por ejemplo el compromiso con un sueño compartido respecto de la empresa familiar. Sin embargo, en los primos ese compromiso suele ser menos fuerte que en los hermanos.

Un elemento clave es contar con una organización o estructura preparada para enfrentar dos grandes realidades: 1) la propiedad se ha fragmentado y ahora hay muchos socios o accionistas, y 2) la sangre se ha diluido y ya no es la misma, lo que no significa que sea peor, sino solo diferente. Estos dos factores hacen que sea más difícil entenderse entre los primos y aunar objetivos, valores y culturas. La organización de que hablamos consiste en contar con un buen gobierno corporativo, que incluya un Directorio con miembros de la familia y externos, y un buen gobierno de la familia, con un Consejo de Familia y un Protocolo.

En este momento hace falta educar a los accionistas para que sean verdaderos *stewards*, protectores o guardianes del patrimonio familiar, tal como analizamos en detalle en el

Capítulo 4. Por último, es fundamental que se establezcan políticas equitativas de compra y venta de acciones entre familiares. La empresa familiar no puede ser una cárcel. Es preciso idear mecanismos –que se pueden esbozar en el Protocolo, y luego detallar legalmente en un pacto de accionistas–, para que aquellos familiares que deseen vender todas o parte de sus acciones puedan hacerlo libremente y a un precio justo, aunque de una manera que no afecte a los que deseen permanecer en la propiedad de la empresa de la familia. Por esto es importante que el pacto estipule claramente el derecho preferente de compra, es decir, que quienes quieran vender deban ofrecer primero sus acciones a los restantes socios o accionistas, y solo si estos no están interesados puedan venderlas a terceros.

¿Qué pueden hacer los primos para mantener buenas relaciones entre ellos? Al igual que en el caso de los hermanos, también aquí puede haber varias respuestas, por lo que me concentraré en una lista corta y no exhaustiva de consejos. En primer lugar, deben esforzarse por reafirmar su identidad familiar y membresía. Sentirse parte, con sano orgullo, de un proyecto empresarial exitoso, tanto por su aporte a la familia y sus empleados, como por su contribución a la comunidad en que está inserto.

Por otra parte, es indispensable que entre los primos exista abundante contacto e información compartida. Deben establecerse adecuados canales de comunicación, los que debieran tener alguna relación con los órganos de gobierno de la familia (consejo familiar) y de la empresa (Directorio). Si trabajan en la compañía o participan en su dirección, es fundamental que sus roles, áreas de responsabilidad y derechos estén claramente definidos. Por último, deben hacer un esfuerzo por cultivar relaciones estrechas entre ellos, perpetuar un legado saludable de la familia y desarrollar habilidades para manejar los conflictos inherentes a esta relación humana.

Relaciones con parientes políticos

En algunos casos los parientes políticos no son considerados parte de la familia y se los deja de lado en las decisiones importantes. Esto ocurre por lo general en las empresas familiares, donde al estar el patrimonio de la familia en juego, con frecuencia los yernos, nueras y cuñados no son bienvenidos.

En inglés, a los parientes políticos se les conoce como *in-laws*, pero a veces, sarcásticamente, se los denomina *outlaws*, lo que refleja el deseo de muchos de que no participen de las decisiones. Esto hace que con frecuencia la vida de los parientes políticos sea difícil en la empresa familiar. En la mayoría de los casos son, como mínimo, un poco discriminados. Les es difícil brillar y sobresalir, y a veces son vistos como competidores del sucesor familiar. En algunas empresas, muy pocas afortunadamente, se llega al extremo de verlos como un peligro inminente. Recuerdo un empresario quien –después de muy malas experiencias con ellos– se refería a los yernos como "gorilas" y a las nueras como "tarántulas".

Sin embargo, los parientes políticos pueden contribuir de manera positiva. Muchas veces, poseen un conocimiento calificado y una experiencia valiosa, y pueden aportar profesionalismo si antes han trabajado en empresas más grandes y eficientes. Con frecuencia evidencian compromiso con la familia y la empresa, y rara vez compiten por el puesto máximo.

Por otro lado, hay que reconocer que poseen sangre diferente, lo cual puede representar una ventaja, pero también un problema si no aceptan la cultura de la familia. Un tema difícil para muchos empresarios es cómo ser franco con ellos y hacerles ver los errores sin ofenderlos. Uno comentaba: "Es complejo pelearse con ellos, porque uno no les puede decir lo mismo que le diría a un hijo".

Como resultado de todo esto, en muchas empresas familiares se los rechaza o se establecen reglas de entrada más estrictas. Pero también hay otras donde son invitados e, incluso, en algunas pocas son cálidamente acogidos. He conocido empresas familiares en que los parientes políticos se han convertido en los auténticos líderes que las han llevado al éxito, o en héroes que las han salvado de la quiebra.

¿Qué podemos recomendar para establecer buenas relaciones con los parientes por elección? En primer lugar, tener presente que también son parte de la familia, aunque no tengan su sangre, esto es, no desconfiar *a priori* de yernos, nueras o cuñados. Como en todo el género humano, puede haber algunos poco leales, pero también los hay tanto o más correctos y bienintencionados que los propios hijos. Recuerde que usted también es pariente político de alguien. Si le parece bien que su yerno, nuera o cuñado trabaje en la empresa, sométalos a los mismos requisitos de entrada que deben superar los miembros sanguíneos en términos de estudios y experiencia previa. Por último, póngales vallas más altas, pero no los descarte de antemano. Recuerde que muchos de ellos han llegado a ser muy valiosos para otras empresas.

Si no desea que trabajen en su empresa, pueden ser valiosos para integrar el Directorio, en tanto tengan el perfil para ello en términos de conocimientos y experiencia. El Consejo de Familia también puede ser un lugar para incorporar parientes políticos, a menos que haya muchos miembros sanguíneos que deseen participar o que la presencia de aquellos pueda crear un ambiente incómodo para estos.

Y si tampoco quiere integrarlos a los órganos de gobierno, al menos preocúpese de mantenerlos informados de primera mano respecto de los grandes acontecimientos de la familia y de la empresa. Invitarlos a la asamblea o reunión anual de la familia es lo mínimo aconsejable. No olvide difundir los valores de la familia entre ellos. Recuerde que la formación de los futuros sucesores de la empresa dependerá, entre otras cosas, de la influencia que en ellos hayan ejercido los parientes políticos.

CAPÍTULO 13

MANEJO DE CONFLICTOS EN LA EMPRESA FAMILIAR

Las complejas relaciones entre miembros de la familia que hemos analizado en el capítulo anterior, así como otras situaciones de tensión en la empresa, pueden dar origen a conflictos difíciles de resolver. Sin embargo, es importante partir de la base de que en todas las instituciones humanas existen conflictos. En las empresas familiares –que constituyen una de las organizaciones más complejas y difíciles de administrar– los conflictos llegan a ser más profundos debido a los factores psicológicos y emocionales que están involucrados.

Una premisa básica a tener en cuenta es que el conflicto en sí no es bueno ni malo. Se considera malo por los resultados que genera y porque denota un problema, algo que no está bien. Pero, por otro lado, puede llegar a ser bueno cuando descubre un problema subyacente; lo malo no es el conflicto, sino el problema que se encontraba debajo y que no había sido solucionado. Vamos a ver en este capítulo que hay formas peores y mejores de manejar el conflicto, pero no existe una manera ideal y, por otra parte, muy difícilmente podremos eliminar de raíz un conflicto. Lo que está en nuestras manos es la posibilidad de reducirlo, atenuarlo e intentar que sus efectos sean menos dañinos.

Es importante conocer que los conflictos pueden atravesar por distintas etapas y grados de intensidad, desde una simple tensión, a la movilización de aliados, guerra de trincheras, y hasta la guerra de kamikazes, tal como se puede observar en la Figura 13.1. Hay que procurar, primero, prevenir la ocurrencia de conflictos, pero una vez que se han desatado, hay que saber ponerles freno para que no se llegue a ningún extremo.

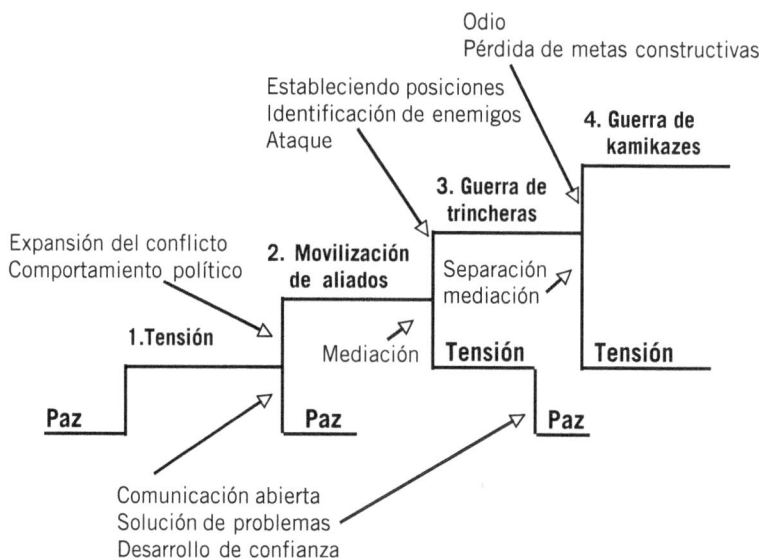

Fuente: adaptado de Terberger, Daniel: *Konfliktmanagement in Familienunternehmen,* St. Gallen, Bamberg, 1998.

Figura 13.1. Las cuatro etapas de los conflictos

Tipos de conflictos en las empresas familiares

Existen muchos tipos de conflictos en las empresas familiares. Veremos algunos de ellos en lo que resta de este capítulo. Obviamente, la lista no es completa, sino que incluye los principales, sobre la base de las investigaciones de Ivan Lansberg.

Conflictos estructurales

Los conflictos estructurales son aquellos que se derivan de la existencia de los tres círculos o subsistemas de la empresa familiar que, como ya hemos visto, son connaturales e intrínsecos a ella. Por eso, lo único que podemos hacer es manejarlos para minimizar sus efectos.

En primer lugar, es preciso marcar muy bien los límites –si bien son abstractos– entre los tres círculos o subsistemas de que hemos hablado, de modo que cada integrante aprenda a desempeñar el rol apropiado y a "cambiarse el sombrero" para comprender el de los demás.

Es muy importante conseguir que la gente que trabaja en la empresa identifique los problemas y preocupaciones comunes a su grupo o círculo. Es decir, hacerles entender que las dificultades son típicas de su posición dentro del esquema. Eso ayudará a las personas a comprender mejor el punto de vista del otro, entender cuál es su posición, ponerse en su lugar, tener empatía y, por tanto, salvar mejor los inconvenientes.

También es preciso establecer estructuras para que los grupos negocien en forma constructiva, tales como el consejo familiar, el Directorio, el Comité Directivo, etc., que contribuyen en gran medida a conversar y negociar en lugar de enfrentarse.

Conflictos generacionales

Hablamos aquí de conflictos entre padres e hijos, entre tíos y sobrinos e, incluso, entre empleados familiares y no familiares de distintas generaciones, como podrían ser, por ejemplo, los empleados antiguos y leales al padre versus el sucesor o los candidatos a sucesor. ¿Cuáles son las recomendaciones que se pueden hacer para evitar o mitigar este tipo de dificultades?

Para comenzar, es importante hacer que la gente tome conciencia de los problemas derivados de las etapas en la vida de las personas. Existen dos magníficos estudios realizados hace algunos años por el psicólogo Daniel Levinson[24] acerca de las *estaciones* en las vidas de un hombre y de una mujer. Se trata de dos trabajos acerca de todas las preocupaciones, problemas, inquietudes y maneras de pensar masculinas y femeninas a lo largo de los años. Que un hijo pueda entender los problemas por los que su padre normalmente debería atravesar y que el padre recuerde los que tuvo él a la edad que ahora tiene su hijo ayuda muchísimo a comprender el punto de vista del otro.

Segundo, es importante fomentar una ampliación de las relaciones y las actividades fuera de la empresa de quienes están empezando a vislumbrar el retiro.

Luego, los padres deberían evitar hacer una evaluación de sus hijos, pues esta tiende a ser muy estricta, extremadamente rigurosa o, por el contrario, demasiado benevolente. Es muy difícil hallar el término justo que merece su desempeño. Es mucho mejor que quienes evalúen a los hijos sean empleados o gerentes no familiares, mediante reglas claras, medidas del desempeño objetivas y sistemas de evaluación preestablecidos.

Adicionalmente, para poder construir un sistema de evaluación del desempeño, es necesario desarrollar criterios claros de desempeño, que evitan muchos conflictos generacionales.

Es crucial dar a los familiares tareas reales con responsabilidad real. Tareas que sean mensurables, tareas de línea,

---

24. Levinson, Daniel, et al.: *Op. cit.*

que permitan a las personas ser objeto de una evaluación real.

También es crítico pensar con antelación acerca del retiro, como lo hemos comentado a propósito de la sucesión. Planificar el retiro, imaginar las distintas etapas por las que se habrá de atravesar en el momento y hacerlo con tiempo ayudará mucho a atenuar los roces entre generaciones.

Conflictos entre hermanos

Los conflictos entre hermanos son los más fáciles de explicar, pero también desafortunadamente son algunos de los más comunes en las empresas familiares. ¿Qué podemos sugerir para manejarlos?

En primer lugar, es preciso darse cuenta de que las rivalidades entre hermanos son persistentes. En otras palabras, todas aquellas viejas rencillas de cuando eran niños o adolescentes, mientras no sean conversadas, solucionadas o borradas de la mente, tienden a seguir hasta la vida adulta. Por tanto, es clave que los hermanos sepan manejar estas diferencias desde chicos. Además, es bueno que la rivalidad sea explícita, que esté a la vista y puesta en su debida perspectiva. Lo peor en un conflicto es que una de las partes no tenga idea de que la otra está herida o resentida ni por qué. Entre otras cosas, es muy recomendable que los hermanos puedan aprender a conversar y controlar sus problemas, típicos de la especie humana.

En tercer lugar, es importante poner atención a las comparaciones sociales entre hermanos, fuente habitual de conflictos. El hecho de que el cónyuge o los amigos sean de condición social diferente y, por tanto, dificulte la amistad y el entendimiento entre ellos, tiende a alejar a las personas. Es muy difícil sugerir una solución a este problema, salvo instar a los hermanos a pasar por alto estos asuntos menores y a priorizar entre ellos el amor fraternal.

Finalmente, es preciso buscar soluciones estructurales que aporten objetividad. Contar con un Directorio que permita analizar con rigurosidad los grandes temas de negocios, el Comité Directivo para todos los asuntos gerenciales o el consejo familiar para todo lo que tenga que ver con las relaciones de la familia con la empresa, permite no solo dar mayor formalidad y objetividad a las discusiones, sino también incluir a otras personas, a otros actores que ayuden a tomar las decisiones.

Conflictos de género

Los conflictos entre hombres y mujeres exceden ampliamente el ámbito de la empresa familiar y están presentes en prácticamente todos los aspectos de nuestra vida. Vamos a intentar esbozar recomendaciones aquí, para el caso de las empresas familiares.

En primer lugar, intente o procure que las mujeres de los tres círculos sean miembros visibles, es decir, deles participación. Hay muchas mujeres talentosas y capaces de llevar una tarea ejecutiva compatible con su vida familiar, y muchas idóneas para integrar el Directorio de la compañía. Por supuesto, también el consejo familiar es un lugar ideal para contar con su presencia.

Luego, es importante que los juicios respecto de los problemas de negocios se hagan en base a la capacidad de las personas, no a su género. Dejar esto claramente establecido y tenerlo como una regla a respetar en la compañía es fundamental para reducir fuertemente el conflicto entre sexos.

Por otra parte, es importante comprender que las mujeres y los hombres tienen necesidades comunes, pero también otras específicas. Es decir, los varones deberían comprender las dificultades que implica para una mujer el hecho de llevar una vida compatible con su núcleo familiar y, al mismo tiempo, rendir como el mejor empleado en el desempeño de su trabajo.

Por último, es muy importante hacer que los problemas entre hombres y mujeres sean un tema acerca del cual se pueda hablar con libertad en la empresa y no que se oculte artificialmente.

Conflictos por problemas de comunicación

Los problemas que se originan en una deficiente o confusa comunicación son muy comunes en el mundo de hoy. En las empresas familiares son increíblemente importantes, mucho más de lo que uno pueda imaginar.

Para comenzar, es preciso mejorar las capacidades comunicativas de las personas, todo lo que tenga que ver con la adecuada transmisión de un mensaje, ya sea la intensidad, la claridad, la coherencia, la oportunidad en que se emite, la atención que presta el que lo recibe, etc. Ejemplos de estas comunicaciones son el discurso anual del presidente de la empresa, los comentarios que hace el gerente general a los demás gerentes en el Comité Ejecutivo, la reunión de evaluación del desempeño que tiene un jefe con un subordinado, etcétera.

En segundo lugar, la experiencia indica que en las empresas familiares es preciso ir al fondo de los problemas y no quedarse únicamente en la superficie. Es importante que las partes involucradas, muchas veces las ramas de la familia o las personas que están en conflicto, se comuniquen para averiguar cuál es el verdadero escollo o fuente del problema. Es muy frecuente que una parte no esté bien informada, conozca solo un aspecto de la cuestión o malinterprete a la otra. Hay infinidad de historias que ilustran este punto.

Adicionalmente, hay que estar muy alerta a las comunicaciones triangulares y evitarlas todo lo posible. Las comunicaciones triangulares son los mensajes que se envían a través de un tercero, por ejemplo, dos hermanos se comunican a través de un empleado no familiar. Este tipo de comunicación pone en riesgo que la información no llegue a destino, sea malinterpretada, etc. Además, las comunicaciones triangulares pueden causar una mala impresión en quienes reciben el mensaje, al ser enviado por intermediarios y no dado directamente.

Por último, hay que poner atención al lenguaje privado de la familia. En todas las familias hay palabras, dichos o gestos que recuerdan historias o experiencias, buenas o malas, que sus miembros han vivido. Muchas veces, cuando interviene una persona ajena, no conoce y no tiene por qué conocer estas historias, con lo cual, puede no interpretar correctamente una palabra o una forma de lenguaje, y recibir una información completamente diferente de la que se intenta dar. Es muy difícil traducir correctamente los mensajes a un código común.

Conflictos derivados de la disgregación y aglutinación de la familia

Todas las familias presentan patrones diferentes de comportamiento. Hay familias muy aglutinadas, que constituyen clanes muy cerrados, donde los miembros viven juntos o muy cerca unos de otros, y donde están todos muy pendientes de lo que pasa con el hermano, la tía, la prima, etc. En cambio, hay otras familias muy disgregadas, cuyos miembros saben muy poco o no les interesa escuchar acerca de los demás, y prácticamente se enteran de los problemas o de las situaciones particulares que viven sus parientes a través de terceros. Ambos comportamientos tienden a crear conflictos. ¿Cuáles son las recomendaciones para estos casos?

Para aquellas familias muy aglutinadas, los principales consejos están relacionados con alentar la libertad de elección. Es importante permitir que haya discrepancias o diferencias en la forma de pensar de algunos miembros, en particular los parientes políticos. Obviamente, en el entendido de que estas discrepancias no causen un daño a la familia como un todo o a la empresa familiar. También es importante alentar la autonomía y la expresión propias, facilitar la salida de personas del cerrado círculo de la familia cuando puedan sentirse "asfixiadas" por ella. Otro punto crucial es fomentar la iniciativa empresarial, ayudar a emprender nuevos rumbos y no pretender que todas las actividades empresariales sean hechas dentro de la familia.

En cambio, para aquellas familias muy disgregadas, los consejos son, precisamente, lo contrario, es decir, unir a los miembros todo lo posible. Hacer que esta familia sea más cálida, que vibre con los éxitos de sus integrantes, que sepan mucho más unos de otros y, sobre todo, "celebrar" la familia en el sentido de reunirse en torno a fechas que unen, como por ejemplo, el cumpleaños del abuelo o la abuela, el aniversario de la fundación de la empresa, etcétera.

Por otra parte, es importante atender las necesidades de los parientes, especialmente los que se encuentran en apuros, problemas de salud, etc. Para esto, el consejo familiar puede disponer la creación de un fondo de emergencia.

Todos estos conflictos que hemos descrito en este capítulo son frecuentes en la empresa familiar. Requieren un manejo especial por parte de los miembros de la familia, quienes deben estar preparados para enfrentarlos. Un comentario final: la labor preventiva es fundamental, y es tarea del Consejo de Familia prever la aparición de conflictos y procurar que estos no pasen a mayores. Sin embargo, este consejo nunca será suficiente. Un buen ambiente, una visión clara y realista de la misión y los desafíos que enfrenta la empresa, valores bien definidos, mucha transparencia y comunicación entre los miembros, etc., son fundamentales para reducir la probabilidad de ocurrencia de estos y otros conflictos.

CAPÍTULO 14

¿UNA HIJA SUCESORA PARA PAPÁ?

Las madres, esposas, hijas y nueras han sido históricamente representadas en los árboles genealógicos sin títulos de trabajo al lado de sus nombres. La fuerza de la tradición, tanto dentro de la sociedad como de la propia familia, desconoció durante años el aporte de las mujeres a la empresa.

De hecho, todavía hoy, la mayoría de los fundadores o dueños-gerentes de empresas familiares optan por un hijo al elegir a su sucesor. Pese a que el mundo se encamina a darle un rol más protagónico a la mujer, los padres suelen designar a una hija como sucesora solo cuando se dan dos condiciones: primero, que ella tenga probadas aptitudes para el cargo y, segundo, no hay un hijo para esa posición. De hecho, muchos padres, ante la inexistencia de un hijo varón apto para sucederlos, prefieren nombrar a un gerente profesional que no pertenece a la familia antes que a una hija.

Las razones esgrimidas son muchas, por ejemplo, no creen que sus hijas vayan a imponerse y ser buenas líderes en un "mundo de hombres", como suelen ser los niveles superiores de las empresas. Tampoco quieren exponerlas a un trabajo duro y con fuertes tensiones derivadas de un mundo crecientemente competitivo. Por otro lado, la mayoría de los padres desean que sus hijas sean buenas esposas y madres de sus nietos antes que ejecutivas exitosas. Piensan que inevitablemente la casa y las preocupaciones del marido y los hijos las distraerán y no podrán cumplir con su deber en la empresa, y no quieren recargarlas con una función adicional a la de amas de casa. Otros piensan, aunque no lo admiten: "¡Qué van a decir los proveedores, clientes, banqueros, etc., cuando vean a una mujer al frente de mi empresa!".

La verdad es que si bien algunas de esas razones no dejan de tener algo de cierto, a los hombres, sean padres o hermanos, aún les falta reconocer los méritos y aptitudes de las mujeres para la vida empresarial. Suele aceptarse que poseen mucha intuición, pero también está demostrado que pueden ser tanto o más creativas e inteligentes que los hombres, y sin duda suelen ser más organizadas, ordenadas y detallistas que ellos, al menos en los estudios. En mis años de profesor universitario, he visto que una alta proporción de mis mejores alumnos son mujeres. Volviendo a la empresa, he comprobado que muchas son capaces de persuadir mejor a los clientes y negociar de manera más efectiva con los proveedores y acreedores.

De hecho, es innegable que varones y mujeres son diferentes no solo físicamente, sino también en otros planos como el emocional, sensitivo, etc. El libro *Los hombres son de Marte y las mujeres son de Venus* –si bien es una obra liviana y, para muchos, carente de rigor científico– muestra que efectivamente ambos sexos tienen preocupaciones y a veces prioridades diferentes, y que hasta sienten, sufren y temen de maneras distintas.

En los países desarrollados, aunque todavía son una minoría, cada día hay más mujeres que alcanzan el máximo cargo ejecutivo en las empresas en que trabajan. Carly Fiorina, quien fuera CEO de Hewlett-Packard, el gigante de la informática, es un ejemplo emblemático. También una mujer, Indra Nooyi, es CEO de PepsiCo. Por tanto, ante la pregunta que abre este capítulo, la respuesta cada vez más escuchada en el primer mundo es "¿Y por qué no?". De hecho, recientemente se ha hecho más popular la idea de considerar a las mujeres como sucesoras.

Sin embargo, al menos por ahora, la realidad en Latinoamérica parece ser diferente. La Tabla 14.1 muestra información que he recolectado en 51 empresas con las que he tenido oportunidad de colaborar en diversos países latinoamericanos, buena parte de ellas compañías chilenas. Se presentan los casos de 127 mujeres miembros de las familias propietarias de estas empresas. Todas ellas son mayores de 21 años, es decir, no se han considerado a las niñas ni a las jóvenes de la siguiente generación, sino solo a las adultas. Las columnas muestran la posición que ocupan en el diagrama de los tres círculos: familia, empresa y propiedad.

Tabla 14.1

Participación de las mujeres en los tres círculos

País	Cantidad de empresas	Solo familiar	Accionista pasiva	Ejecutiva familiar	Tres roles	TOTAL
Argentina	5	3	5	0	4	12
Bolivia	1	0	5	0	1	6
Brasil	2	9	1	0	0	10
Chile	40	14	61	14	9	98
Perú	3	0	0	1	0	1
TOTAL	51	26	72	15	14	127

Más de tres cuartas partes de ellas (98) no trabajan en la empresa de su familia; 26, solo son familiares que no poseen propiedad ni se desempeñan en la empresa, 72 son accionistas pasivas, es decir, no trabajan en la compañía; 29 sí lo hacen (23%), 15 de ellas son ejecutivas y miembros de

163

la familia, pero no poseen propiedad, mientras que 14 están en el medio de los tres círculos y por lo tanto cumplen los tres roles: accionistas, familiares y ejecutivas a la vez.

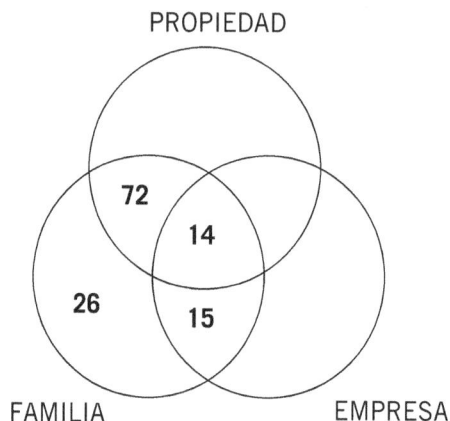

PROPIEDAD

72

14

26

15

FAMILIA   EMPRESA

Figura 14.1. Participación de las mujeres en los tres círculos

La Figura 14.1 muestra gráficamente las posiciones que ocupan estas 127 mujeres. Estoy seguro de que esta muestra puede no ser representativa del total de las empresas familiares, sino solo de las firmas medianas y grandes a las que preocupa su continuidad, pero aun así, me parece que el mensaje es significativo: menos de una cuarta parte de las mujeres trabaja en las empresas de sus familias.

Tres destacadas investigadoras, Lyman, Salganicoff y Hollander[25], sostienen que para que la mujer tenga éxito en la empresa familiar debe asegurarse de poseer las habilidades necesarias para ser un activo en la empresa y estar dispuestas a asumir el compromiso de ayudar a su éxito. Debe enfrentarse a las nociones tradicionales de lo que la mujer debe o no debe hacer, al mismo tiempo que intentar obtener el apoyo de los miembros de la familia y de otros empleados.

---

25. Lyman, Amy; Salganicoff, Matilde, y Hollander, Barbara: "Women in Family Business: An Untapped Resource". En sam Advanced Management Journal, Winter 1985.

Estas mismas autoras afirman que, al igual que cualquiera que se dedique a los negocios, una mujer en una empresa familiar debe tomarse el tiempo para evaluar sus habilidades y planificar una carrera cuidadosa y consciente. Las redes pueden ayudarlas, pero también pueden encontrar apoyo dentro de sus propias familias. Los miembros de su grupo pueden alentar su búsqueda de trabajo significativo en la compañía y la exposición a una diversidad de oportunidades útiles, especialmente cuando están disponibles sobre la base de la habilidad, y no solo de la posición familiar.

Tres casos ilustrativos

De los muchos ejemplos que podría citar, hay tres que me parecen sumamente interesantes. Por razones de confidencialidad, voy a usar nombres ficticios para las protagonistas de estas historias.

Ana María estudió Ingeniería Comercial. Es la segunda de varios hermanos. Muy inteligente y trabajadora, ingresó a la empresa fundada por su padre al egresar de la universidad. Pasó por diversos cargos hasta que finalmente alcanzó la Gerencia de Finanzas. Se desempeñó allí con mucho éxito durante varios años, hasta que se dio cuenta de que su vida como ejecutiva era incompatible con su rol de esposa y madre de cuatro hijos. Al ver que estos crecían, Ana María sentía culpa de dejar escapar un tiempo precioso, que no volvería nunca más, para estar con ellos y ayudarlos en su crecimiento. Decidió dejar la empresa por completo, con gran dolor tanto para ella como para su padre, quien la consideraba su brazo derecho. Hoy, tres años después, y con una situación familiar mucho más estable, Ana María se apresta para integrar el Directorio con miembros familiares y externos que su padre ha decidido formar. Esto le tomará uno o dos días al mes, a lo sumo. Adicionalmente, su padre le ha pedido que organice la oficina de la familia, un concepto anglosajón, nuevo en Latinoamérica, que consiste en contar con un equipo de especialistas que atiendan los asuntos legales y tributarios personales de los miembros de la familia, no de la empresa, y que les ayuden a invertir el dinero que tienen fuera de la empresa en activos financieros o inmobiliarios que incrementen su patrimonio. Dado su conocimiento y su experiencia en temas financieros, legales y administrativos, nadie mejor que Ana María para echar a andar esta oficina. Esto le tomará algunos días adicionales al mes, pero la hará sentirse vigente y enfrentando un desafío, e igualmente podrá dedicar el tiempo necesario a su familia.

Claudia es ingeniera agrónoma, sin mucha experiencia en temas de administración, por lo que no ha trabajado en la empresa de la familia, sino en su profesión, prestando servicios a terceros. Sin embargo, hace dos años su padre, fundador y líder de la empresa, decidió invertir en una viña, aprovechando las vides que tenía plantadas en las afueras de Santiago y el momento propicio para los vinos chilenos en el mercado internacional. Le pidió a Claudia que liderara este proyecto, cosa que ha hecho con gran entusiasmo y hoy es una realidad. Aparte de la viña, Claudia se ha dado cuenta de que la continuidad de las empresas depende en buena medida de lo unida y preparada que esté la familia para enfrentar el futuro. Luego de asistir a varios cursos de empresas familiares, Claudia ha convencido a su padre y hermanos de formar un Directorio y un Consejo de Familia, y de elaborar un Protocolo. Ahora ella forma parte de ambos órganos de gobierno de la empresa y de la familia.

La historia de Patricia es diferente. Luego de egresar de la universidad, entró a trabajar con su padre. Lo hizo durante varios años con gran éxito. Sus hermanos, menores que ella, fueron ingresando posteriormente. Poco a poco el papá, siguiendo la tradición machista de su familia, fue confiando más en los hijos varones para las tareas directivas, y Patricia se fue sintiendo postergada. Con cierto rencor hacia su padre, abandonó la empresa para dedicarse a su familia. Han pasado los años y Patricia siente aún que fue tratada injustamente por su padre, a quien además culpa de favorecer a sus hijos varones para hacerse de más propiedad que sus hijas en la empresa. Este resentimiento le ha impedido pensar en cumplir otros roles en la firma. Se ha resistido a integrar el Consejo de Familia y tampoco considera participar en el Directorio.

Otros roles para la mujer en la empresa familiar

Estas tres historias nos ilustran acerca de que no todo ha de ser trabajo en la empresa familiar. También las mujeres pueden contribuir de manera muy valiosa en otras esferas, tales como el Directorio y el Consejo de Familia. La incompatibilidad que a la mayoría de ellas se les presenta entre el trabajo a tiempo completo en la empresa y su rol de esposas y madres, las suele llevar a dejar su puesto ejecutivo. Los trabajos de medio día o a tiempo parcial ayudan a paliar este problema, pero muchas compañías los rechazan para no sentar precedentes peligrosos con otras mujeres que trabajan en la empresa y que pedirían una prerrogativa similar.

Uno de los mensajes que pretendemos entregar en este capítulo es que las mujeres pueden contribuir a la empresa familiar no solo trabajando en ella a tiempo completo o parcial, sino también desempeñando otros importantes papeles.

La Tabla 14.2 muestra la participación de las 127 mujeres analizadas en sus empresas familiares en diversos ámbitos. Como ya comentamos, solo 29 de ellas trabajan ejecutivamente y pertenecen a la nómina de la empresa. Otras 27 forman parte del Directorio, algunos de ellos integrados solo por familiares y otros con directores externos, además de los miembros de la familia. Es interesante ver que 68 de ellas, es decir, más de la mitad, tienen un lugar en el Consejo de Familia. Muchos de estos consejos son de reciente data y fueron creados con mi colaboración, porque no son muy habituales.

Tabla 14.2
Participación en la empresa familiar

País	Cantidad de empresas	Cantidad de mujeres	Trabajan en la empresa	Direc-torio	Consejo de familia	No parti-cipan
Argentina	5	12	4	5	12	1
Bolivia	1	6	1	1	6	0
Brasil	2	10	0	1	2	8
Chile	40	98	23	19	47	39
Perú	3	1	1	1	1	0
TOTAL	51	127	29	27	68	48

Una importante cantidad de mujeres, 48, lo que representa un 38% de esta muestra, no participan de ninguna de estas tres formas. Es decir, no trabajan en la empresa ni forman parte del Directorio ni del Consejo de Familia. En algunas ocasiones, esto se debe a que sus empresas no poseen un Directorio activo o no han creado un consejo familiar, por lo que no tienen otras formas de contribuir como no sea mediante un empleo en la empresa. No obstante, cometeríamos un grave error si dijéramos que no contribuyen en absoluto. La mayoría de ellas cumplen una función importantísima, y en general no suficientemente reconocida: el rol de madres. Estas madres son las que crían, educan y preparan a sus hijos para la vida y, muchas veces, para conducir la empresa de la familia. El cariño que les transmiten, los valores que les inculcan y los sabios consejos que les dan hacen de estos hijos e hijas mejores personas, lo que redundará a la larga en evidentes beneficios para la empresa.

CAPÍTULO 15

LAS EMPRESAS MULTIFAMILIARES

La inmensa mayoría de las empresas familiares en el mundo pertenecen a una sola familia. Sin embargo, también existen algunas empresas de propiedad de más de una familia que no provienen de un tronco común. Veremos en este capítulo que son más complejas de manejar: toda la dificultad que conlleva la administración y gobierno de una empresa cuya propiedad y grandes decisiones están en manos de una familia, se ve aumentada cuando hay dos, tres o más familias detrás de ella. Prácticamente no hay nada escrito acerca de estas compañías, por lo que me basaré en mis propias observaciones y mi experiencia de trabajo.

Origen de las empresas multifamiliares

Por lo general, las empresas multifamiliares nacen de dos o más amigos que se asocian para iniciar un negocio o para comprar uno en marcha. Muchas veces son compañeros de colegio o de universidad que conciben una idea durante los estudios y deciden ponerla en práctica al terminarlos.

Así por ejemplo nació en 1939 Hewlett-Packard, de dos compañeros de la Universidad de Stanford –William Hewlett y David Packard– que comenzaron en un garaje de Palo Alto, California, fabricando osciladores de audio. Hoy, esta multinacional de la informática es una de las mayores empresas bifamiliares del mundo.

Con el correr del tiempo, estos amigos y socios emprendedores empiezan a sentir el deseo de la trascendencia y continuidad de la empresa, con lo que animan a sus hijos a incorporarse al negocio. Cuando estos ingresan, se empieza a gestar la empresa multifamiliar.

Particularidades de las empresas multifamiliares

Las empresas multifamiliares suelen asemejarse a las empresas de primos lejanos, es decir, de segundo grado o más, porque si bien los socios se conocen mucho y normalmente son amigos que se tienen gran afecto, sus hijos se conocen menos, y no siempre hay amistad entre ellos. Como tampoco hay vínculos de sangre, es difícil que estas empresas perduren como multifamiliares. Algo parecido suele ocurrir en las empresas de primos lejanos, porque la sangre se ha diluido mucho y sienten que ya no tienen demasiado en común, a menos que la familia se haya preocupado ex profeso por mantener un sueño empresarial a través de las generaciones. No hay razón para continuar juntos cuando la segunda o tercera generación asume el control de la empresa. Usualmente, una familia termina comprando a la otra u otras.

También las empresas familiares suelen caracterizarse por tener diferentes culturas, propias de valores, estilos y conductas que distinguen a cada hogar. Las empresas multifamiliares exitosas suelen crear su propia cultura e intentan preservarla a través de las generaciones.

Tipos de empresas multifamiliares

Existen varios tipos de empresas multifamiliares. Una clasificación posible es por el número de familias que participan en la propiedad. Así podemos encontrar empresas bifamiliares, trifamiliares, y hasta de cuatro o cinco familias. La Figura 15.1 ilustra una empresa trifamiliar.

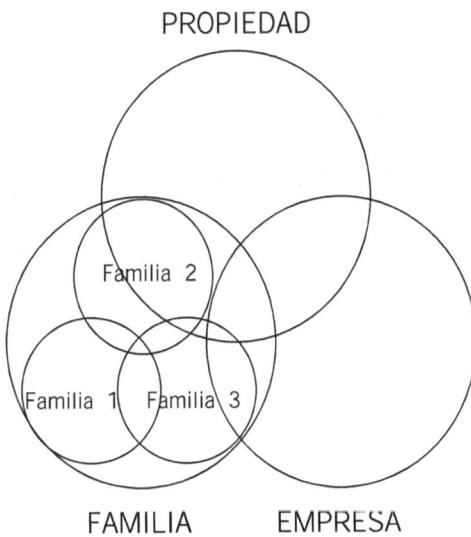

Figura 15.1. La empresa multifamiliar

Indudablemente, a medida que la cantidad de familias socias crece, la complejidad tiende a aumentar y es necesario que se organicen para poder manejarla. Por ejemplo, si una de las familias incorpora a miembros de la siguiente generación a la empresa, lo más probable es que las demás sientan el mismo derecho a hacerlo, con lo cual la cantidad de miembros puede aumentar significativamente, a menos que los directivos se pongan de acuerdo en limitarla.

Otra posible clasificación de las empresas multifamiliares es en función de la participación accionaria. Esta es más interesante que la anterior, porque establece muy bien la dinámica de las relaciones de poder. Así es posible encontrar al menos tres casos:

- empresas de propiedad igualitaria,
- empresas de propiedad desigual, pero donde ninguna familia controla, y
- empresas donde una familia controla y las demás son minoritarias.

Empresas multifamiliares de propiedad igualitaria

En este tipo de empresas, coexisten dos o más familias, pero todas tienen la misma proporción en la propiedad. Normalmente esas proporciones tienden a mantenerse a lo largo del tiempo, a menos que una o más familias decidan vender, pero normalmente venden toda su parte y salen del negocio, en lugar de pasar a ser socios minoritarios. En estas empresas, las familias suelen cuidar mucho el equilibrio de poder a lo largo del tiempo, por lo que procuran mantener la igualdad en la propiedad mientras les sea posible. Así, eligen la misma cantidad de representantes en el Directorio, con lo cual salvaguardan su cuota de poder. Normalmente, en el interior de cada familia existe un pacto de accionistas que da el derecho preferente de compra a sus miembros, y luego a los demás accionistas.

Empresas de propiedad desigual, pero sin una familia controladora

Es parecido al caso anterior, en el sentido de que nadie controla, pero puede haber familias con más propiedad que otras, lo que eventualmente les permite nombrar una mayor cantidad de miembros en el Directorio y, en ocasiones, sentirse con más derecho para incorporar hijos a la firma. Sin embargo, las relaciones de poder suelen ser menos tensas porque no hay un equilibrio que preservar a toda costa. El único caso que provoca tensión ocurre cuando una de las familias se acerca al control y procura obtenerlo por la vía de adquirir la participación accionaria de otras.

Empresas en que una familia controla y las demás son minoritarias

Este caso es muy diferente de los anteriores, porque hay una familia que domina claramente a las demás y ejerce su derecho de designar a la mayoría de los miembros del Directorio. Teóricamente, se parece más a una empresa unifamiliar, a menos que la familia controladora respete mucho a sus socios, no imponga su voluntad, intente buscar consensos y dé a sus socios una participación mayor que la que legalmente les correspondería. Aquí tampoco suelen producirse grandes tensiones entre los socios, excepto cuando la familia controladora no tiene un trato deferente con sus socios minoritarios y no les da cabida en las grandes decisiones. En estas condiciones, los minoritarios suelen preferir vender, pero la familia controladora no tiene interés en comprar, ni tampoco hay interés en el mercado por ingresar en la propiedad de una empresa controlada por una familia que maneja a su antojo el negocio.

Manejo de conflictos en las empresas multifamiliares

Dado que el equilibrio es más frágil, porque no hay sangre de por medio ni una cultura común que aglutine a sus miembros, las empresas multifamiliares suelen padecer ciertos conflictos que muchas veces las llevan a su desintegración o a la separación de los socios. Pasemos revista a las causas más frecuentes.

Falta de una visión estratégica común

Aunque los socios fundadores hayan tenido una visión estratégica común, al llegar los hijos con historias, valores y culturas diferentes, es probable que no exista acuerdo respecto de hacia dónde debería ir la empresa, cuán rápido tendría que crecer, etcétera.

Entrada de los hijos

El ingreso de los hijos suele producir conflictos, especialmente cuando no existen reglas acordadas por los socios y estos no consultan sobre el tema a las demás familias. No solo produce problemas la forma y la ocasión en que ingresan los hijos, sino también su cantidad.

Designación del gerente general

La elección del gerente general para la etapa siguiente a la de los socios fundadores suele producir problemas, especialmente cuando hay igualdad en la propiedad, porque ninguna familia socia quiere sentirse postergada. En la generación fundadora no hay problema, porque suele producirse un liderazgo natural de uno de los socios amigos. Pero en la siguiente generación, la pregunta es obvia: "¿De qué familia provendrá el próximo líder?". Muchas optan por cortar por lo sano y eligen a un profesional no familiar.

Política de dividendos

Esta es una fuente clásica de conflictos. Normalmente, las familias minoritarias o aquellas que no tienen representantes trabajando en la empresa suelen solicitar una política de dividendos más generosa. En cambio, las familias controladoras, conscientes de que su mayor patrimonio en la empresa está en peligro ante la creciente competencia y globalización, suelen ser más conservadoras y austeras en la política de dividendos.

Aumentos de capital

También este es un problema recurrente. El conflicto se produce usualmente cuando la empresa establece un plan de expansión más agresivo y solicita un aumento de capital para financiarlo. Algunas familias socias no disponen de fondos para suscribirlo o no desean invertir más en el negocio, por lo que terminan diluyendo su participación y, a veces, perdiendo el control.

¿Cómo se pueden evitar o manejar mejor estos conflictos?

En primer lugar, procurando construir una **visión compartida del futuro**. Es importante que, a solas o con la ayuda de un facilitador, estas familias se sienten a conversar acerca de cómo imaginan la empresa a futuro, en qué negocios, en qué mercados geográficos, de qué tamaño y con qué velocidad de crecimiento, etcétera.

También es fundamental que lleguen a un **acuerdo y una visión compartida respecto del rol y la influencia de las familias en el manejo de la empresa**. Hasta qué punto desean que la empresa sea cada vez más profesional, contratando a la mejor gente posible o, al revés, ofreciendo puestos de trabajo a los miembros de las familias propietarias, especialmente cuando no tengan los méritos para ingresar a la empresa. En otras palabras, ¿habrá cupos asegurados por familia o solo entrarán a la empresa las personas más capaces, independientemente de si son o no familiares? Este es, en mi experiencia, el punto de mayor conflicto en las empresas multifamiliares. De más está decir que recomiendo lo segundo, es decir, que las familias no tengan el derecho a incorporar a una determinada cantidad de parientes, sino que se contrate a los mejores, no importa de dónde provengan.

Un punto conectado con este es el de las remuneraciones. Algunas empresas multifamiliares suelen acordar que todos los miembros de las familias accionistas deben recibir el mismo sueldo y beneficios, independientemente del cargo y las responsabilidades que tengan. Este es otro foco de conflicto y ocurre con mayor frecuencia en las empresas de propiedad igualitaria. También aquí es preciso erradicar este concepto equivocado cuanto antes y remunerar a los familiares de acuerdo con el cargo que ocupen, como si fueran empleados no familiares.

Tal vez lo más significativo es que las familias comprendan que se beneficiarán mucho más de una empresa saludable y competitiva, que aumente su valor en el mercado y por tanto haga crecer el patrimonio de los accionistas, que de convertirla en una fuente de empleo para sus hijos. Apostar a la propiedad, en lugar de al trabajo en la empresa, suele ser mucho más rentable y evita muchos de estos conflictos.

Es muy recomendable la asistencia a **cursos especializados** en el manejo de empresas familiares, donde no solo tendrán acceso a la bibliografía relevante y a profesores con experiencia, sino también a escuchar y compartir con otras familias empresarias, porque allí valorarán más estos conceptos. La ayuda de **facilitadores externos** que orienten a las familias socias en estos conceptos también es crucial.

Es muy recomendable que las familias propietarias puedan establecer un consejo multifamiliar, además de consejos en el interior de cada familia. Esto ayudará a discutir estos temas con visión de futuro y altura de miras. La elaboración de un Protocolo común que recoja estos acuerdos es altamente conveniente, al igual que la creación de pactos de accionistas para, entre otras cosas, regular la transferencia de la propiedad en cada familia y entre las familias dueñas de la empresa.

EPÍLOGO
RETO AL DESTINO

Las estadísticas nos dicen que la gran mayoría de las empresas familiares están destinadas al fracaso y que no logran ir más allá de la tercera generación. Esto no ocurre solo en Latinoamérica, sino en todo el mundo. Sin embargo, ese pequeño porcentaje que sí logra sobrevivir y avanzar saludablemente a través de las generaciones nos ha enseñado el camino. Hemos aprendido de esas empresas y, a través de este libro, queremos transmitir esas lecciones para que muchas más compañías de propiedad y conducción familiar se atrevan a desafiar el destino.

Por esa razón, aunque este libro describe en detalle las amenazas, problemas y conflictos que afectan a las empresas de familia, por encima de todo pretende difundir un gran mensaje de esperanza: sí se puede tener una empresa en manos de la familia y, al mismo tiempo, disfrutar del éxito de generación en generación. Es cosa de proponérselo y aplicar una serie de medidas que permitan que la familia pueda estar alineada para enfrentar el futuro y sea capaz de ser ordenada y disciplinada en la puesta en práctica de tales medidas.

Las empresas familiares cuentan con muchas ventajas, pero también suelen incurrir en muchos errores que se transforman en sus desventajas. Si logran enfatizar sus fortalezas en el tiempo y, simultáneamente, trabajar con seriedad para reducir sus debilidades, pueden dar el gran salto hacia adelante.

Este libro entrega muchas recomendaciones y consejos para que las empresas familiares logren retar al destino y ser exitosas en el tiempo. Sería muy largo y tedioso para el lector, ya cansado a estas alturas, repetir la serie de medidas mencionadas en el párrafo anterior. Sin embargo, para concluir quiero detenerme un instante en los que a mi juicio son los tres pilares fundamentales para que una empresa familiar perdure con éxito. El primero es la formación de la familia en torno a los temas que hemos tratado. Solo con una adecuada formación y una fluida comunicación, puede estar alineada para enfrentar de mejor modo el futuro.

El segundo pilar es el desarrollo de buenos sucesores y propietarios responsables. Líderes en la empresa, guardianes del patrimonio y custodios de los valores de la familia constituyen la trilogía imprescindible para una continuidad exitosa del legado de los fundadores.

El tercer pilar es la organización de la familia. Una familia organizada debe contar con un gobierno corporativo, encabezado por un moderno Directorio con miembros de la familia y externos, que le permita tomar las mejores decisiones estratégicas y asegurar una buena conducción. Sin embargo, la naturaleza humana hace que no resulte suficiente con tener una empresa muy profesional, si no se cuenta con una familia muy profesional también. El gobierno de la familia, liderado por el consejo familiar e inspirado en el Protocolo, es pieza esencial para la gobernabilidad de la empresa familiar.

Si las familias empresarias son capaces de asentar estos tres pilares en un terreno firme, sus compañías estarán mucho mejor preparadas para retar al destino y vencerlo.

REFERENCIAS BIBLIOGRÁFICAS

Amat, Joan; Martínez, Jon, y Roure, Juan: Transformarse o desaparecer: *Estrategias de la empresa familiar para competir en el siglo XXI*, Ediciones Deusto, Barcelona, 2008.

Bonilla, Claudio; Sepúlveda, Jean, y Carvajal, Mariela: "Family ownership and firm performance in Chile: A note on Martinez et al's evidence". En *Family Business Review*, XX III (2), 2010.

Davis, John, y Tagiuri, Renato: "The Influence of Life Stage on Father-Son Work Relationships in Family Companies". En *Family Business Review* II (1), 1989.

De Visscher, François; Aronoff, Craig, y Ward, John: *Financing Transitions: Managing Capital and Liquidity in the Family Business.* Family Business Leadership Series, Marietta, Georgia, 1995.

Gersick, Kelin; Davis, John; McCollom Hampton, Marion, y Lansberg, Ivan: *Empresas familiares: generación a generación.* McGraw-Hill Interamericana, México, 1997.

Harris, Dawn; Martínez, Jon, y Ward, John: "Is Strategy Different for the Family-Owned Business". En *Family Business Review*, VII (2), 1994.

Lansberg, Ivan: "The Succession Conspiracy". En *Family Business Review* I (2), 1988.

_____ *Los sucesores en la empresa familiar: cómo planificar para la continuidad.* Granica, Buenos Aires, 2000.

Levinson, Daniel J., et al.: *The Seasons of a Man's Life.* Ballantine Books, New York, 1978.

Lyman, Amy; Salganicoff, Matilde, y Hollander, Barbara: "Women in Family Business: An Untapped Resource". En SAM *Advanced Management Journal*, Winter 1985.

Martínez, Jon; Stöhr, Bernhard, y Quiroga, Bernardo: "Family ownership and firm performance: Evidence from public companies in Chile". En *Family Business Review*, XX (2), 2007.

Martínez Echezárraga, Jon: "El mito de las empresas familiares ineficientes". En *Revista de Egresados del ESE*, 2005.

Pearl, Jayne A. & Kristie, Leah: "The World's Largest Family Businesses". En *Family Business Magazine*, 2008.

Porter, Michael: *Estrategia competitiva. Técnicas para el análisis de los sectores industriales y de la competencia.* CECSA, México, 1980.

Sonnenfeld, Jeffrey A.: *The Hero's Farewell: What Happens when CEO's Retire.* Oxford University Press, New York, 1988.

Schwartz, Marc A., y Barnes, Louis B.: "Outside Boards and Family Businesses: Another Look". En *Family Business Review,* IV (3), 1991.

Tagiuri, Renato, y Davis, John: "On the goals of successful family companies". En *Family Business Review,* V (1), 1992.

Terberger, Daniel: *Konfliktmanagement in Familienunternehmen,* St. Gallen, Bamberg, 1998.

Ward, John L.: *Cómo desarrollar la empresa familiar.* El Ateneo, Buenos Aires, 1994.

_____ "The Special Role of Strategic Planning for Family Businesses". En *Family Business Review,* I (2), 1988.

www.ingramcontent.com/pod-product-compliance
Lightning Source LLC
Chambersburg PA
CBHW030842210326
41521CB00025B/649